JN079041

株式会社魚松 代表取締役
廣岡 利重

たかが 失敗じゃないか!

少しの気づきで大逆転、
1日2000名来客の店ができるまで

牧野出版

はじめに

みなさん、あばれ食いって何だと思われますか？

なんと、高級食材の松茸と、日本三大和牛のひとつでもある近江牛が食べ放題という、夢のような食事です。

関西の一部では、ご存知の方もいらっしゃると思います。そして、これを提供することを思いつきネーミングしたのが、この私。

ご挨拶が遅くなりました。

株式会社魚松　代表取締役　廣岡（ひろおか）利重（とししげ）と申します。ただいま、外食産業を営んで三十年目の経営者です。忍者で有名な滋賀県は甲賀に、超巨大！一店舗五千坪のお店を二店舗構えております。

この両店舗合わせて、多いときは一日二千人のお客さまがご来店されます。なぜ、このような超巨大マンモス店舗になったのかは、この後本書でのお楽しみでございます。

時は令和二年、春。

年のはじめには誰も予想だにできなかった疫病の流行が、社会を大きく変貌させていました。新型コロナ禍は、現実感のないまま、滋賀県の田舎の経済をも恐怖と自粛でじわじわと蝕んできました。

換気と除菌、ソーシャルディスタンスを保ちながら営業を続けていたわが店ではありましたが、奮闘むなしく閑古鳥が鳴いておりました。本来なら賑わう時間帯に、待てど暮らせどいらっしゃらないお客さま。

しかし、私はどこかで、この状況に懐かしさを覚えていました。

「こんな時代もあったなあ。しかも何回も」

なんだか、久しぶりに思い出した気がします。

もうあかん、失敗や。そう思ったことは一度や二度ではありませんでした。

しかし、そのたびに奇跡ともいえるような「ビックリ現象」に救われて、新しい夢を見続けることができました。

そんなお話を、ぽつぽつといろんなところでしていたら、妙にウケがいいことが意外でした。

「ようそれだけ失敗しはったな、聞いてたら元気になるわ」

「社長の話から、ビジネスのヒントをいただきました」

「いや、面白い。もっと聞きたいです！」

「え～!?　ほんまに？」

本来なら、営業やら買い付けやらで国内外を忙しく飛び回っている時期でしたが、今年は時間だけはたっぷりあります。私は少しずつ、自分の歩んできた道を振り返りながら、まとめていくことにしました。

この失敗だらけの私の人生が、ひょっとしたらこのコロナ禍のもとで新たな一歩を踏み出そうとしている誰かの糧（かて）に、原動力になるかもしれないと思ったからです。

しかも幸運なことに、書いたもの、話したことを整理・構成してくれるライターさん、そして「いい本になりますよ」と背中を押し、すべてをサポートしてくれる素晴らしい出版社さんとも、予期せぬご縁がつながりました。

私が自分の体験から、この本にこめたかった思いはただひとつ。どんなにしんどくても真っ暗に思えても、強い意志と前向きの心を持ってあきらめさえしなければ、光が降り注ぐ日が来るということです。

いろいろなことで元気を失いかけている人、未来が見通せず悩んでいる人、それでも進みたい自分の道がある人に、少し肩の力を抜いて楽しみながら、何かを拾っていただけたら幸いです。

代表取締役社長　廣岡利重

株式会社魚松

たかが失敗じゃないか！

——少しの気づきで大逆転、1日2000名来客の店ができるまで

目次

第3章　気がつけば借金一億円　55

第4章　松茸との再会　89

たかが失敗じゃないか！

――少しの気づきで大逆転、１日２０００名来客の店ができるまで

ガラン　ガラン　コロ
当たった　大当たり!!

ヴァラン!!　ヴァラン!!　ヴァラン!!
さあ、いつもの鐘の音
陽気な話し声や笑いとともに
店内に響きわたります
毎日が縁日のようないつものお店の光景であります

夢の竜宮城へ今日もたくさんのお客さま
ご来店ありがとうございます
元気満々いらっしゃいませ
松茸音頭の調べに乗って

プロローグ

魚松の拠点であり、私の故郷でもある滋賀県甲賀市（当時は甲賀郡といっていました）は、古来、松茸の名産地でした。

残念ながら近年の里山環境の悪化や自然環境の変化によって、その収穫量はなきに等しいほどに減少してしまいましたが、ほんの三十年ほど前まではたしかに、その山に入れば必ず群生する松茸に遭える、いわゆる「松茸山」がそこら中にあったのです。

忘れられない光景があります。

まだ子ども時代の私が、前社長である父に連れて行ってもらった地元・甲賀神村の松茸山。松林に分け入ると、そこはまさに松茸の王国でした。

足元には黄金色に輝くような松茸が、無数に自生していたのです。

決して大げさな表現ではなく、小さかった私の膝下に届かんばかり育つ見事な大きさの松茸がびっしりと生えていて、それこそかき分けるように歩かなければならず、大変だったことを覚えています。

父が松茸狩りに案内した都会からのお客さまはこの光景にあっけにとられ、次の瞬間には、着ていたスーツの上着を脱いで袖部分を縛って袋がわりにし、松茸を夢中で収穫しはじめました。

とても用意している袋では間に合わない、スーツ一着くらいダメにしてもいいと判断したのでしょう。

おそらく一生頭から離れることのない、私の原体験です。

松茸、いや「松茸さん」なしに今の私はありません。

思えばその存在が、知らず知らずに私の道しるべになってくれた気がします。

松茸さんと再会するまで、長い時間がかかりました。

再会したとたん、とんでもない幸運を招きよせてくれたと思ったら、また落ち込んで、

急上昇しての繰り返しです。

ジェットコースターのような私の人生を、松茸さんはじっと我慢強く見守ってくれているのかもしれません。

第１章 働くことは生きること

行商人は小学校五年生

「魚松さん、小さいのに一人でえらいな。またおいで」

「おおきに、ありがとうございます」

――レトルトのハンバーグとウインナー、と。なかなか売れたなあ――

玄関前で丁寧にお辞儀をし、お客さまが家に入られるのを確認した私は、その家の表札と今売った商品をノートに書き込みます。自転車の荷台には、仕出しの箱が重ねて積まれていいます。いっぱいに入れてきた食品は、残りわずかになっていました。

――今日も空っぽにして帰るぞ！　次はいつも買ってくれるあの家がいいかな――

気持ちも明るく、自転車を引いて歩き始めます。そのとき、私は小学校五年生。小さくとも、一人前の〝行商人〟ぶりが板についていました。

小学生で行商!? どういうこと? みなさん、驚かれるのもごもっともですよね。私のお話をする前に、まずは時代を巻き戻し、やがて私が三代目を継ぐことになる「魚松」の歩んできた道を少しお話ししたいと思います。

まさに女傑?の創業者

「魚松」は大正時代、滋賀県甲賀郡（現・甲賀市）に暮らしていた祖母・廣岡まつが地元の卸市場で仕入れた鮮魚の行商をしたことから誕生しました。創業年はキリがいいからということで長男・吉重（よししげ）の誕生した大正十三年（一九二四）としましたが、その以前から行商の仕事は始めていました。

滋賀というと、琵琶湖を思い浮かべる人がほとんどでしょう。しかし、当然ながら琵琶湖の見えない山間部にだって、人はたくさん住んでいます。甲賀は県の南東端。東は三重県の鈴鹿山脈の南端に接する山あいの地域です。古代から、さまざまな形で歴史の表舞台にも登場する、実は凄い地域なのです。なかでも「甲賀忍者」といえばピンとくる人も多いのではないでしょうか。

廣岡の家は甲賀町のなかでも東北部の「神（かむら）」という集落にありました。残念ながら忍者とは関係ないようですが、「神」という地名もまた凄いと思いませんか。魚松の沈んだと思ったら何度も浮上する歴史も、「神」さまのおかげではと思うのですが、それこそ神のみぞ知るですね。

話がそれてしまいました。とにかく、そんな山に囲まれた環境にあって、まつが家々を訪ねて商う鮮魚はなかなかの人気を得たようです。天秤棒担いでの振売（ふりうり）から、荷車を引いての販売へと、徐々に扱う量も増えていきました。未亡人となったあともわが子を背負い、商売に没頭する姿は健気（けなげ）に見えたかもしれません。しかし本人はとても気丈で、お客さまには深い情をもって礼を尽くす一方、自分や身内にはめちゃくちゃ厳しく筋を通す人でした。まあ、その話は追い追い聞いていただくとして。

まつの奮闘の結果、商売は少しずつ拡張し、やがて行商だけでなく自宅の脇に店舗を設けて食料品全般を扱うようになりました。

そんなまつですから、長男の吉重には後継者として特に大きな期待をかけていました。また吉重も小学校では飛び級するほど優秀な子どもで、スポーツでも才能を発揮。マラソン選手としても活躍し、地元ではすっかり有名人になっていたようです。しかしまつはとにかく家業に入ってもらうことしか頭になく、ことあるごとに「そんなことしてないで早く商売を手伝え」とせかしていたといいます。

いつも毅然として人には優しく、尊敬を集めていたまつにだけは頭の上がらない吉重でしたが、ちょうど時代は戦争へと向かっていった頃。その空気に感化されて軍国少年となり、十八歳で周りの反対を押し切って海軍に入隊しました。生涯で唯一、母親に逆らった行動といえるかもしれません。そして軍艦の基地のあった北海道・室蘭で、多くの月日を過ごすことになりました。

しかし戦地に行っても、吉重は家業、そしてまつのことを忘れはしなかったのです。戦時中とはいえ、室蘭には海産物が豊富にあふれていました。その光景を目にして、まつが喜ぶにちがいないと思ったのでしょう。吉重は昆布や海産物を買えるだけ買ってはどんどん甲賀の実家に送りました。まつはそれをもとに戦時中も行商と店を継続していたというのです。この母にしてこの子あり、軍人として働きながらよくそんなことができたなと思うのですが、吉重もなかなかの商売人でした。

そのおかげで室蘭の人々とも深い交流ができ、そのご縁は戦後もずっと続くことになりました。

戦後、復員した吉重を加えパワーアップした魚松は行商する地域も広がり、田舎で盛んな「講」という寄り合いや行事ごとで集う人々を当て込んだ仕出しも始めるなど、順調に商売を拡大していくことになります。

また、戦争未亡人となったまつの長女、吉重の姉が幼い一人息子とともに生活をともにすることになったのも戦後の同時期です。そして、復員から二年後に吉重は四歳年下のたきと結婚。子どもに恵まれなかった吉重夫妻は、魚松の後継者にという考えもあり、この姉の息子を養子にしました。

京都の子から甲賀の子に

と、ずいぶん駆け足で語っても、なかなか影もかたちも出てこない私は、お察しのとおり、吉重の実子ではありません。まつの次男、つまり吉重の弟・民雄のもとに、京都の街なかで生まれ、幼年期を過ごしていました。といっても、京都時代のことはほとんど覚えていません。

おぼろげに記憶にあるのは、父とともに祖母や伯父のいる神村を訪ねた三歳の頃。幼な心に、そこは別世界だと思いました。どこまでも広い空に、彼方まで緑の陰影を重ねる山々、そして目の前には太陽を浴びて青々と輝く一面の田んぼ。この手で初めてつかまえたカエル。体験したことのない楽しさと興奮が満ちていました。加えて、当時まだまだ貴重品だったバナナやチョコレートが好きなだけ食べられたことは、まさに天国のようでした。実際はこちらの感動の方が大きかったかもしれません。

「そんなに楽しいんやったらしばらくここにいるか」

父の言葉に大きくうなずいた私は、ホームシックになることもなく、生き生きと田舎の日々を満喫しました。当初は短期間の預かりで、京都と行き来することもあったようですが、ほどなく実弟が誕生したり、吉重の養子となっていた伯母の息子が進学のために私と入れ替わるように京都の家に下宿するようになったりと、さまざまなことが重なるうち、正式に二人目の養子として甲賀の家に迎えられることになったのです。

ただ、わが子がすでに養子に入っているのに、なぜまた男の子を養子に、と反感をおぼえたのでしょう、伯母だけがこれを気に入らないようでした。幼い私の耳元でよく「はよう京都に帰れ」とささやいていました。思えば、私が初めて体験したいじめです。この頃から打たれ強かったのか、それほど気にはしませんでしたが、よく小さな子どもにそんなことを言ったものです。まあ、その後、伯母とも仲良くなっていくのですが。

一方、祖母と養父母は、私をよく可愛がってくれました。といっても大変ないたずらっ子でもあったので、思いきり叱り飛ばされることも日常茶飯事。その意味でも、なんの遠慮もなくわが子として大切に育ててくれたといえるでしょう。なのにどこかに戸惑いがあったのか、私は義父母となった吉重夫妻のことを、また実の父母のことも、「お父さん」「お母さん」と呼んだことがありません。しかしここからは便宜上、吉重夫妻を父・母と表現していくことにいたしましょう。

廣岡家のルール

廣岡家はいつもみんなが忙しく働いていますから、幼い子が寂しくないよう相手するといっても、たいてい仕事先に一緒に連れて行くことになります。でもそれが私には新鮮で楽しい体験でした。

今でも覚えているのは、よく父のスクーターの前に乗せてもらって、山奥の集落に行商に訪れたこと。二十軒ほどの家が集まっている集落、六、七軒の集落、それからたった三軒だけで成り立っている集落の三か所があり、いつどこを訪れても「よう来てくれはった」と満面の笑みで迎えてくれました。父も非常に人当たりのよい人で、幼い目から見ても、行く先々のお客さまとの交流はあたたかく快いものでした。そういった人々の笑顔、喜ばれることが楽しい思い出となって、行商のイメージができあがっていったといえます。

父が魚松の代表となり二代目を継いだのちも、まつは事実上の家長として廣岡家に君臨していました。父たちもそんなまつのことを立て、まつの言うことは絶対、何をおいても商売第一という家風はそれこそまつが亡くなるまで貫かれていました。

たとえば食事時間ひとつとってもそうでした。私が家に入った頃には、すでに仕出しも手広くやっていて、自宅隣りに建てた小さな別棟が、近所の人々の宴会場となっていました。宴会が入れば、家族フル動員で働き、自分たちのことは二の次です。たとえ私のような幼い子がいても、晩ご飯は仕事が全て終わってから。どんなにお腹が空いてもそのルールは厳格に守られ、つまみ食いでもしようものならどえらい剣幕で叱られました。もちろん普段は優しい祖母でしたが、怒らせてはいけないという暗黙の了解ができあがっていきました。

そういう家でしたから、仕事や家事の別なく、できるときにできる人ができることをするという役割分担のようなものが、抵抗なく刷り込まれていったのだと思います。冒頭でお話した、行商もいわばそのひとつです。

これならできる、やってみたい

「子どもが遊びたい盛りに、行商なんてかわいそうに」と憐れむ人がいるかもしれませんが、そういう悲壮感はまったくありません。実はこの行商は、自分からやってみたいと言い出したことです。そもそも、私はそんなに遊びたいと思ったことがありません。正直なところ、小さい頃はいじめられっ子で友達がいなかったのです。

本人さえよく状況がわかっていなかった家庭の事情を、口さがない田舎の人たちは飽きもせず噂にします。それは現代のように空気を読むことのない子どもたちに、ストレートに「もらいっ子」とからかわれることにつながって、何かというといじめの対象になっていったのでした。

しかし、それがあまりに日常的だったせいなのかどうなのか、不思議と悲しいとか悔しいとかいう強いネガティブの感情に陥ったことはありませんでした。学校へ行く以外はほとんど父か祖母の商売についいて出かけていたので、孤立して寂しいと感じる時間もなかったですね。

今から思えば、たぶん、ちょっと変わった子どもだったのでしょう。

そして、その変わった子どもは、行商についてまわるうちに「これは一人でもできるぞ、やってみたい」と思い立ったのです。

その頃は学校も役所や会社も週休二日ではなく、土曜日は「半ドン」といってお昼まで終わるのが普通でした。

この土曜の半日と、ときには日曜日まで使って、私は行商を始めました。自転車の荷台に仕出し屋さんの箱を乗せ、魚松の扱う食品のなかでも持ち運びしやすく保存の利くものを選び近所の住宅街で売って歩いたのです。

何にもまさる働く喜び

その時代の行商は、ツケ売りといってお買い上げの金額をつけておいて、月末あるいは年末にまとめて支払ってもらう方法で、その場で現金を扱う必要はありません。これも子どもにとって都合のいいことでした。小さな帳面を持ち、買っていただくたびに、その家の表札と売れた商品を書き留めるというかたちで商いができました。

最初の日から、首尾は上々でした。

もちろん、自分なりに考えをめぐらせ、父や祖母との行商で面識のあった近所の人々の顔を思い浮かべて、行けば何か買ってくれそうな優しそうな人の家からまわっていったということもあります。案の定、どのお客さまもあたたかく迎えてくださいました。

そんなアドバンテージはあったものの、自分だけの力でものを売ってお客さまと笑顔をかわすことは、初めて体験した喜びでした。

ツケ売りなので、はっきりした値段や売り上げを覚えているわけではありませんが、感覚としては一軒のお宅で買っていただけるのがだいたい千円くらい。自転車に積んだ仕出し箱をすべて空にするまでに、二十軒前後でお買い上げいただくことが必要でした。

しかし経験を積むうちに、もっと短時間で売り切ることを考えるようになります。そこで行き着いたのは、人が集まる場所に行くこと。当時は神村の住宅街のなかに、小さな工場や企業が、ぽつぽつとありました。そこを訪問して店開きすれば、一気にたくさんの人に商品を見てもらえるはず。狙いは見事に当たり、この方法を思いついてからは、三、四社をまわるだけでその日の行商が終了できるようになりました。

今よりもずっと貧しい時代とはいえ、さすがに小学生が物売りをして歩く姿は珍しかったのでしょう。箱いっぱいの商品が全部売れたときには、小躍りするような気分になりました。箱を空っぽにして帰ると、商いに厳しい祖母も「へえ、よう売ってきたなあ」と感心してくれます。

こうした体験から知った商売の楽しさは、小さな灯火のように胸の奥にともり続け、今につながっているように思えます。

自転車は父の策略？

行商に使っていたのは、父に買ってもらった私専用の自転車です。これがかなり変わっていました。今でいうママチャリ。色は見たこともないような濃い緑色で、後ろには市場の自転車についているような大きな鉄の荷台がついていました。

父から「自転車を買ってやる」と言われたときにはとても嬉しく、ワクワクして届くのを待っていたのですが、この自転車を見てかなりがっかりしたのを覚えています。とても子どもがカッコよく乗り回せる代物ではなく、どう考えても仕出しの出前に使う自転車で

したから。

繁忙期には案の定、この自転車で仕出しの出前を手伝うことにもなりました。しかしそそっかしい私は、自転車ごと倒れて料理をぶちまけたことも一度や二度ではありません。拾い集めた料理を詰め直して先方に届け、めちゃくちゃに怒られたこともありましたね。なかなかの図太さです。

自転車は当然、同世代の子どもたちの間でも浮いていました。その姿が面白かったらしく、同級生たちが私を見つけると、からかいに集まってきます。自転車さえもいじめのネタになっていたという話です。

しかし私はといえば、「また来た」くらいの感覚で、少しも気にしませんでした。それよりも、目の前の仕事のことで頭がいっぱいだったのです。

宴会場が寝起きの場

ちょうど行商を始めた小学校五年生の頃から中学一年生くらいまでは、伯母とともに、宴会場に寝起きすることになりました。住まいに部屋数が足りなくなったという理由で、なぜかそういうことになってしまったのです。幼い頃には私に何かと嫌味を言っていた伯母も、私の成長とともに、むしろ私を頼るようになってくれていました。

私と伯母は、宴会の入った日には終わるまでじっと待ち、その後片付けて布団を敷くという生活をしていました。娯楽の少ない当時のこと、宴は大いに盛り上がりなかなか終わりません。何より、今よりずっと喫煙率の高い時代、みんながタバコを吸って視野が白くなるほど煙が立つなかでえんえんと宴会が続いているときが、一番うんざりしました。

お開きが遅くなったときはもう私も伯母も眠気に勝てず、お客さまが帰られたとたんテーブルを少し隅に寄せるくらいで片付けを翌朝まわしにして、さっさと布団を敷いて寝てしまうこともありました。

しかしこれも、今となってはいい思い出です。私がいつでもどこでも寝られるという特技は、このときに身についたものかもしれません。

働くことが当たり前

ほかにも宴会の準備や、家族のお風呂を焚くのも私の役割でした。こうして振り返ると、たくさんの仕事を与えられていた子ども時代でした。当時は抵抗なく受け入れていましたが、お手伝いの範囲を越えていたと思います。でも決して苦ではなかったし、だからこそ、普通の子どものやらないこと……商売に目覚めたといえるのかもしれません。

行商を小学校の終わり頃で辞めたあとも、新聞配達や父が友人と少しの間手がけていたスーパーマーケットの手伝い、ゴルフ場のキャディなど、学校以外の時間はやはり働くことに明け暮れていました。

かといって、お金を稼ぐことに執着していたわけでもないのです。

行商時代は、祖母からお正月に五百円もらうだけで満足していました。必要なものは言えば買ってもらえたので、特に自分でお金をためる必要も感じていませんでした。

それでも中学三年から始めたキャディの仕事は当時でもワンラウンドが六千円、チップもよくいただいて、相当稼いでいました。冬になるとたまったお金で、北海道までひとりスキー旅行に行っていました。高校生になってバイクの免許をとるとすぐに、自分でバイ

クを買いました。

この頃から自立し、自分のお金で遊ぶことも覚え出したわけです。

自我に目覚めた？高校時代

しかしこうしてどんどん生きる力がついてくると、素直で物分かりのいい子どものままではいられません。中学二年くらいからは私も反抗期へ突入。高校生ともなると、やんちゃに拍車がかかってきました。

といっても、可愛いものです。ちょうど漫画『花の応援団』が流行りだした頃です。当時の不良は、学ランひとつとっても長ランや短ラン、バラエティ豊かで、センスを競うようなところがありました。私は裏地に派手な刺繍の入ったサイドベンツの学ランを着て髪はオールバック、それから欠かせないのがマスク。そう、今では考えられないことですが、マスクは当時の不良のトレードマーク。ある意味、みんな自分なりの美学を持って、そのために自分で稼いで自分で自分を磨くという向上心のかたまりでした。当時の不良にはそんな骨もあったんです。

十六歳から当然のようにバイクを乗り回しました。しかし親に頼まれれば自前のバイクで仕出しの出前に行ったり、繁忙期は厨房を手伝ったりはする。そういうことは身にしみついていて、自分でいうのも何ですが可愛げがありました。

十八歳になると同時に車の免許を取得すると、中古ではありましたが、なんと父が車を買ってくれました。初めての愛車はスカイラインＧＴＸ、色はモスグリーン。こちらの緑色は、自転車と違い気に入りました。

とはいえ、やれ喧嘩をした、バイクで違反をした、といっては停学を食らい、父は気の毒にも、しょっちゅう学校に呼び出されていました。しかし親の小言などまともに聞く年頃ではありません。その頃には祖母も寝たきりになっていて、かつての迫力をなくしていました。

やがて進路を考える時期になりましたが、私には「こうしたい」という希望が何もありませんでした。進路の欄は、ずっと無記入。実はすでに父のなかでしっかりとレールが敷かれていたことを、どこかで察していたのかもしれません。「どうせ家を手伝うことになるんだろう」という気持ちだけがあり、先生から再三呼び出されても、自分から答えを出そうとしませんでした。

そして表立っては進路が決定していないのは私だけという状況で卒業。父が決めたことに逆らう発想も気概もありませんでした。

時は昭和五十三年（一九七八）四月。私は、滋賀県甲賀をあとにして、京の都へと生活の場を移すことになります。

コラム　三代目の拾いもの・その一

人を笑顔にする力

廣岡家の人々は、家風なのか性格のなのか、本当にみんなよく働きました。それが当たり前というなかで育ち、気がつけば自分も体を動かしていたので、疑問を持つ暇もありませんでした。

ただ、その日常のなかには、確かに喜びがありました。私自身、お金をもらうことよりも、お客さまの「ありがとう」という言葉や笑顔に励まされていたように思います。どんなにちっぽけな人間でも、人に喜んでもらえる、笑顔にすることができる。それは、私に最初に芽生えた自己肯定の気持ちであり、その体験を重ねていくことが、自分の強さにつながっていった気がします。

また、祖母がいつも言っていたことで今も思い出すのは、「もらったものでも、美味しいものでも、自分が食べる前に、まず人にあげなさい」ということです。自分が一番に美味しいものを食べるなんて、もってのほか。まずまわりの人のことを考えること。そして譲ること。自分がどうすれば人を幸せにできるかを考え実行しなさいということです。

それは、二代目である父にもしっかりと受け継がれていました。

「とにかくお客さまに喜んでいただきなさい」

「本当に喜んでおられるか、お客さまの顔を見ていなさい」

「絶対に喜んで帰ってもらいなさい」

「儲けはあとからついてくるもの。お客さまの喜ぶことだけを考えていればいい」

すべては、魚松の理念につながる言葉です。もっとも、私がその真の意味を理解するのは、ずっとあとのことになります。

第２章

やんちゃ少年の覚醒

板前修業、三か月

父が私のために敷いたレール。それはなんと、京都での板前修業でした。場所は、花園にあるHという割烹旅館。実は甲賀の腕のいい板前さんは、みんなそこで何年か修業して戻ってくるというルートがあり、いつの間にやら私もそこで預かってもらう話がつけられていました。もともと仕出しの手伝いで包丁を握った経験もありましたし、盛り付けも得意でした。父はそんな私を見て、ひそかに一流の板前にさせたいと思っていたようなのです。

「ほな、がんばってな」

父は大将に挨拶し私を託すと、別れを惜しむでもなくさっさと帰ってしまいました。この日から、住み込みでの板前修業が始まりました。

　このとき私が何を考えていたのかといえば……反発するのも無駄だと思ったので、特に抵抗せずに受け入れましたが、自分の求めているものはこれではないという気持ちはありました。そして一番下っ端の、いわゆる追い回しとして修業を始めた一日目にして、はっきり「これは絶対違う」と感じてしまいました。この段階になって初めて、目が覚めた気分でした。

　もっとも、要領は悪くなかったので修業自体を辛いと思うことはありませんでした。大将のことは尊敬できましたし、のちのちまで残る人生訓をたくさん教えていただきました。大嫌いだった魚が食べられるようになるなど、決して無駄な経験ではありませんでした。

ただ少々難儀なことといえば、一日の仕事を終え、翌朝も早いから一刻でも早く休みたいのに、花板さんが一升瓶を持って現れることでした。そして未成年の私に……と、ここからは時効とはいえ法律に引っかかりそうなので、自己規制しておきます。まあ、従弟制度の世界でいえば、当時はふつうのことだったかもしれません。

　そういうことにも歯を食いしばって、何年も修業を積むことが普通だった時代ともいえます。でも私はそれがアホらしいとしか思えませんでした。でもそれ以上に、「自分が板前になる」ということへの違和感の方が大きかった気がします。一度自覚した気持ちをごまかすことは、日に日に難しくなっていきました。

そしてある日、プツンと張り詰めていた糸が切れてしまいました。結論を申し上げると、修業に耐えられたのはたったの三か月。私より少し遅れて入った同室の同僚に、こっそりと「俺、姿を消すわ」と宣言し、その夜、何も告げずに店を去りました。はい、父のレールから脱線し、逃げ出したんです。

自分では何も考えずに流されるようにそこまで来た反動ともいえます。もう父の言いなりになるのはやめよう、いったんリセットしようという、かつてない強い決意が私を突き動かしました。それを実現するには、姿を消すしかありませんでした。

私はそのまま夜の世界へ身を投じることになります。これがひとつのターニングポイントでした。

傍目には、転落人生のはじまりだったかもしれません。まだ法律上はお酒も飲めない十九歳になるかならないかの頃。でも私が働き始めた当時の京都の夜の街には女性も含め、そんな若者がたくさんいました。

宿なし、職なしから夜の世界へ

しかしまあ、こうしてお話するのも恥ずかしいほどの若気の至りには違いありません。なにせ住み込みでお世話になっていたお店を、挨拶もなしに飛び出したのですから。

野宿も覚悟していましたが、目についた五条あたりの不動産屋に駆け込み、寝る場所さえないことを漏らすと、対応してくださった営業のオニイサンが「七条のほうに空いている建物がある。とりあえずその倉庫にでも寝とき」と鴨川沿いにあるビルの鍵を預けてくれました。

ありがたく野宿はまぬがれたものの、ベニヤ張りの屋根裏のような粗末な空間でした。厚意に甘えてぐずぐずしてはいられません。その日のうちに求人誌を買い求めて寮のある求人を探し、翌日さっそくある水商売の面接に出かけました。

「経験はない。でも住むところがない、すぐに使ってくれ」

こんな怪しい若造のどこが気に入ったのか、いや、よほど人がいなかったのか、その場で即採用です。山科にあった寮にも入れてもらうことが決定。私の宿なし職なし体験はラッキーなことに一日で終わりました。

新しい職場は、木屋町にあったとあるビル内。カウンターに男性のバーテンがいて、テーブル席が少々とちょっとしたダンスのできるスペースのあるフロア。接待する若い女性が五、六人いる「ナイトサパー」と呼ばれるジャンルのお店です。私が入ったときには二人いたバーテンの先輩、といっても同世代の若者ですが、二、三か月のうちに相次いで辞め、なんと十九歳にして、そのまま店のマネージャーを任されることになりました。

マスターから学んだ「掃除」法

私を面接したマスターは毎日麻雀三昧で、ほとんど出てくることがありませんでしたから、店はほとんど私の独断場になりました。

営業時間は夜八時から翌朝五時まで。私は毎日、愛車スカイラインでマイカー通勤です。夕方五時に寮を出て、八百屋などでその日の食材を仕込んで七時に店入り。といってもカクテルや水割り以外でつくるのは簡単な付出しだけで、あとはレモンを切るくらい。一番気を使ったのは掃除です。

というのも、マスターは掃除にだけはうるさい人で、最初に徹底して叩き込まれました。曰く、「光らせなければ掃除と言えない」。

たとえば、トイレの配水管や手を洗う蛇口まわり、玄関扉の敷居にあたる部分。普通はさっとぬぐうだけ、ホコリをとるだけで終わります。ひどいところではホコリがそのまま残っている店も少なくない、意外と行き届かない部分です。

「ええか、こういうところの見せ方が肝心なんや。ピカピカにするんや」

マスターは、自らタワシを手に取って、実践してくれました。

「光らせるんや。光るということは光ることが起こるんや。光る店には、光る人が集まってくるんやで」

なるほど、と思いました。確かにマスターが示す場所を光らせるだけで、その空間は見違えるようにきれいに見え、気持ちがいいのです。清浄な場所にはよい運気が満ちてくるということがわかる気がしました。

以来、四十年以上たった今も、私はこの掃除法を守り続けています。よその店やコンビニのトイレに入ると、必ずチェックしてしまう部分でもあります。ところが、ここがピカピカになっているところはほとんどない。魚松は光っていますよ。お越しになったら、ぜひ確認してください。

遊びも仕事も半端なし

さて、最初の修業先では早々に挫折した私でしたが、みなさんもうご存知のとおり、働くことは子ども時代から身についています。もともと、やるとなったらごまかすことなく一生懸命がんばるまっすぐな性分です。

店には定休日がなく、ほとんど働きづめの毎日でも、まったく苦にはなりませんでした。むしろ何でも自分の裁量でできることが嬉しくて、水を得た魚のように楽しく働きました。

しかも月給は月三十万円。高卒の初任給が七〜八万円の時代です。板前修業のときは、まかないつきの住み込みとはいえ、四万五千円しかもらっていませんでしたから、収入的には破格の大出世です。加えて、私の働きぶりを気に入ってもらえたのか、マスターは車もプレゼントしてくれました。黄色のブルーバードです。なんと十代にして二台の自家用車持ちになってしまいました。

仕事と収入に応じて、生活も変わりました。山科の寮はちょっと環境がよくなかったので三か月くらいで出て、伏見にマンションを借りました。

そのうち、朝五時に店を閉め片付けが終わると、そのまま店の女の子たちを車に乗せて、朝ごはんを食べにいくのが日課になりました。といっても近くにはそんな早朝から開いている店もなかったので、決まって京都駅近くの喫茶店か、岡崎の料亭の朝ごはん。全部、私のポケットマネーです。

さらに小・中学生時代と違うのは、女の子とも遊びたい盛りですからね。そのまま琵琶湖やら遊園地やらに行って夜まで遊び、一睡もせずに戻って店に立つなどという無謀なこともやっていました。

ただ、これを三日続けた日には、さすがに眠くて店で会計をしようにも、何度も電卓の同じところを叩いてしまって進まないなんていう失態をおかしてしまって……

「あかんあかん、こんなことをしていたらいつか大きな失敗をする」と自戒して、少しは控えるようになりました。

しかしまあ、若さだったんでしょう。今もそこそこ元気ですが、その比ではないくらい、元気でした。

ときには冷や汗をかきながら

生活も変わりましたが、性格も変わりました。陽気でおしゃべりになりました。今の私の原型は、この頃に出来上がりました。そのおかげか、周囲から〝面白いにいちゃん〟と親しまれることになりました。女性のお客さまにも……

「ひろちゃん、甘いもの好きやんね」

などと言って、甲斐甲斐しくケーキや和菓子の差し入れを持って店を訪ねてくれる女性がちらほらと現れるようにもなりました。ありがたいことです。

……が……

同じ時間帯にそんな女性が三組、カウンターで鉢合わせになったときは私も無口になりました。あの微妙な空気は、どうしようもありません。いやな汗が流れました。私に罪はないんですけどね。

着るものも雰囲気も、夜の商売らしくなっていったんでしょうね。忘れられないエピソードがあります。あるとき、寮に帰る途中で、前の車に軽く追突してしまったんです。

これはまずい、謝らなければとすぐに停車して、ドアを開けて車から降りました。すると何を思ったのか、追突されたほうの車が急発進して、逃げるように去っていったんです。

――どうしはったんやろ……あ、そうか――

そのとき私が着ていたのは上下真っ白のスーツ。ぱっと見は、とても堅気の人間に思えません。気の毒なことをしてしまいました。いや、ちゃんと謝りたかっただけでなんですけど。

しかし遊びを少々控えたところで連日夜通し、休みなしのハードワーク、疲れ切っての車通勤は、今思えば冷や汗ものです。あまりにも疲れ果てて、河原町通りを南下して帰る途中、信号が赤になるたびに居眠りしてはクラクションで起こされて発進するということを繰り返したことも一度や二度ではありません。

今思い出してもむちゃくちゃなことをしていました。よく大きな事故にならなかったものです。

でもそれだけ全力で働いていたということです。信じていただけないかもしれませんが、今ほど飲酒運転が取り締まられていなかった当時でも、私は仕事中にアルコールは一滴も飲まないようにしていました。

さらに、板前修業時代に大将に教えられたことは、ずっと心に残り続けていました。

「商売人が入れこんだらあかんものが三つある。博打、女、宗教や」

それだけは頑なに守る気持ちがあったので、ともすれば身をもち崩す人も少なくない夜の世界でも、しゃんと生きていられたように思います。

正月営業、大繁盛

当初は年中無休と聞いていた店でしたが、暮れが押し迫ると、マスターがさすがに正月の三が日は閉めようと言い出しました。

まだ百貨店も個人商店も、正月に店を開けるなんて発想はまずない、昭和五十四（一九七九）年の年始のことです。

でも私はふと、そんなときだからこそ、店を開けたら来てくださるお客さまもいるんじゃないかなと思いました。

そこで、「お店を使わないなら、その時間、場所を借りてもいいですか？」とマスターに交渉して、帰郷しないという女の子数人と、元旦に店を開けたのです。私はけっこう、物事の逆、反対を考える癖があるのですが、それが商売につながったのはこれが最初かもしれません。

するとどこで聞きつけたのか、開店後すぐ、お客さまが現れて。それからは想像を絶するご来店の嵐！　たいしたことができなかったにもかかわらず、通常の営業日を大きく超える、賑わいっぷり。これには私も驚きました。めちゃくちゃに儲かりました。

普段は一晩で八〜九万円くらいの売上げだったのに、プラス七万五千円くらいになりましたからね。お見えになったお客さまもいつも以上に盛り上がりましたし、女の子も思いのほか稼げたことに大喜びでした。

私自身、お金になったことはもちろんですが、そんなみんなの喜ぶ顔が見られたことが、何より嬉しかった。

ただ、「凄く儲かったらしい」という話はすぐにマスターの耳に入り……正月の二日から、これはいけると思ったマスターの命令で、普通に営業することになってしまったのは、ちょっと残念なことでした。

自分史上最悪の？再会

このように、夜の世界では調子よく働いていた私ですが、父が話をつけて働くことになった料亭を、その顔をつぶしてたった三か月で飛び出してしまったのですから、実家に足を向けられるはずがありません。反抗心も手伝って、なるようになれとばかり、ずっと連絡も入れず音信不通、いわば行方不明状態でした。

しかし、神さまはそんな親不孝を許してはくれませんでした。

忘れもしません、木屋町で働きはじめてまだ二、三か月の頃です。店の女の子たちと、当時大人気だった遊園地、奈良ドリームランド（今は閉園してしまって跡形もありませんが）に遊びに行って、スクリューコースターに並んでいました。はしゃいだ気分のまっただなかの、ちょうどそのとき。

「なんや、こんなとこで遊んでるのか」

声のする方を振り返ると、なんと実家の近所のおじさんがいるではありませんか。

――見つかってしもた！　よりによってこんな場所で――

楽しいひとときに水を浴びせられたような気になりましたが、ここで他人のふりをするわけにもいきません。

問われるままに、京都の店で働いていることくらいまでは白状したと思います。口止めしてもあのおじさんは絶対、「遊園地で女の子と遊んどったで」と、面白おかしく父に言いつけるに決まっています。

父が耳にする場面を想像して、頭を抱えました。悩んだ末に、ここは観念するしかないと、自分から実家に電話を入れました。しかし、このときに連絡先を伝えておいてよかったのです。

なんとほどなくして、祖母のまつが亡くなったという連絡が入りました。何年か寝ついたのちの九十三歳、当時としては大往生といえると思います。私は一日だけ店を休み、甲賀の家に戻って葬儀に出ることができました。

葬儀の忙しさもあり、父とじっくり話すことは回避できそうでした。しかし、ほんの少し顔をつきあわせる時間ができてしまいました。

「奈良の遊園地におったらしいな」

そこで初めて、父は私が一番ふれられたくなかったことを持ち出しました。

「何してんねん」「どうするつもりやねん」

矢継ぎ早の質問に、私は顔をそむけ、言葉を濁しながら逃げるように京都に戻りました。

父、来店する

それからは何の音沙汰もなく、もちろん私からも連絡せず、数か月が過ぎました。

いつものように蝶ネクタイのバーテン姿で店のカウンターに立っていたある夜、中年の男性がふらりと店に現れました。その姿を見て、私はぎょっとしました。

父でした。

無言でカウンターに座る父に、私もかける言葉が見つかりません。カウンターをはさんで向かい合いながら、これ以上ない、気まずい時間が流れました。

やがて父はビールを少し飲んだだけで、一時間もしないうちにすっと席を立ちました。慌ててあとを追いかける私。そのときに父に追いついて何を話したのか、残念ながら記憶が飛んでしまっているのですが、タクシーに乗る父を見送ったことまでは覚えています。

店に戻り、女の子に「あれ、親父やねん」と伝えて「えーっ」と驚かれた記憶は鮮明です。

あの夜、父は何を考えて店に来たのか……それからのちも、そのことについてあえて話すことはなかったので、わかりません。ただ、今でもあの夜の光景だけは忘れられずに残っています。

思えば、不器用な父子です。

でも、そんな父の姿がずっと頭の隅に残り、私自身、今の生活をいつまでも続けるわけにはいかないと考えるきっかけになったのも事実です。

帰郷を視野に自分なりの「修業」

結局、ちょっとワケありで長居は案配わるいことが見えてきたその木屋町のナイトサパーは一年を待たずに辞め、次は祇園のクラブに勤めました。

ただ、この店は午前十二時には営業が終わるので、一晩中店を開けていた前職の感覚からすると、働き足りません。そこでバイトのかけもちで余った時間を埋めていきました。

これがまた私のすることは極端で、深夜は木屋町のスナック、昼間はファミレスの厨房など、寝る間もないほどになってしまいました。

しかしこの時期には、いずれ甲賀の家に戻らなくてはならないという覚悟ができつつありました。ただ、板前修業を途中で辞めた手前、何も身についていないままで戻るわけにはいかないと強く思っていました。そこでファミレスの厨房では基礎的な調理技術を学び、また自分自身でも本で勉強し、実家に戻っても一人前に厨房に立てるだけの経験を必死で積みました。

もの凄い勢いで働き、もの凄く稼いだはずなのですが、なぜかお金は一銭も残りませんでした。のちのち、このときお金をきちんと貯金していたらと思うこともありましたが、まあ、自己投資に必要な時期だったんだということにしておきましょう。

そんな日々は一年半ほど続いたでしょうか。ある日突然、父から電話がありました。兄が伯母から引き継いでいたスーパーマーケットの経営を辞め、甲賀を離れることになったのでお前が戻って来てやってみろ、というのです。

結局、京都にいたのは十八歳から二十一歳の三年間。その大半を、華やかな水商売の世界にどっぷり浸かって過ごしたわけですが、やりたいことはやり尽くしたという気分もありました。そんなときにこの連絡。有無を言わせない帰郷の命令は、自分としてもタイミングのいいものでした。

コラム　三代目の拾いもの・その二

人には添うてみよ

思えばこの時期が、わずかながらも人生で唯一私が魚松を離れ、いわゆる「他人の釜の飯を食った」時代です。入った瞬間に「違う」と思った板前修業先の割烹旅館の大将、飛び込んだナイトサパーの見るからに危なくて本当に危なかったマスター。いずれも短いおつきあいではありましたが、私にとって、こういった人々との出会いは、貴重な学び多い体験となりました。当時はすべてを受け入れる土壌を持たず、言われたことが完全に理解できないところもあった若僧でしたが、それなりに心に留まった言葉や教えは、のちのちボディブローのように効いてきて、ある日唐突に「こういうことだったのか」とストンと腑に落ちる瞬間が来ました。

「馬には乗ってみよ、人には添うてみよ」ということわざがあります。その本来の解釈とは異なりますが、私はどんな人であっても、特に人生の先輩の言葉には、まず素直な気持ちで耳を傾けてみることが大切な要素ではないかと思っています。

自分が知らないことを体験し道を開いてきた人の言葉には、何らかの真理があります。ひょっとしたらそれは、煙たく耳に障るかもしれません。あるいは反面教師的なことかもしれません。

でも、「今はそんな時代ではない」とか、「自分はこの人とは違う」とか思ってシャットアウトする前に、心を開いて受け止める素直さ、謙虚さを持つことで、得難い宝物のような言葉に気がつくかもしれません。

そしてその姿勢は、相手にとってはたまらない「可愛げ」でもあります。実は私はこの「可愛げ」こそ、男性に一番大切な条件だと思っています。いくつになっても可愛げのある人は、人から好かれ、大事にしてもらえます。何かあっても、まわりの人は放っておけません。人が成功するために必要な資質のひとつに、この可愛げ、素直さがあると、私は思っています。

では、女性の一番大切な条件は何でしょう。今は言わないでおきます。ただ、男性は女性を味方につけないと成功できないのは確かです。

第３章 気がつけば借金一億円

まっ暗闇にひとり

魚松のスーパーマーケット経営までの経緯をお話しすると、ことの発端は私がまだ小学校低学年の頃にさかのぼります。自宅脇に構えた魚松の本店から五百メートルほど離れた「西の口」という土地の交差点に、売り店舗が出ました。実はもと駄菓子屋さんだったその店こそ、祖母まつがずっと「こんなところで店を開きたい」と憧れを募らせていた場所だというのです。すでに齢七十にさしかかっていた祖母でしたが、父に頼み込み、父もそんなに言うなら……とその店を購入することにしました。

魚松の支店として、同じように食料品や雑貨を商う店にしたのですが、祖母は大いに満足したようです。しかしぼちぼち身体がきつくなってきたのでしょう、二年ほど店に立ったのち、伯母に任せることにして本店に戻ってきました。

その後、私が京都に行ったのと同時期くらいでしょうか、食料品を扱うスーパーマーケットにして、兄が結婚したのを機に経営を任せるべく、夫婦を甲賀に呼び戻すことになったのです。兄はとても頭のいい人で、当時は法曹を目指して勉強していたはずです。どんな事情があってそういう話になったのか、家に寄りつかなかった私にはわかりません。私が父から連絡を受けたのは、兄が「辞める」と宣言し、伯母とともに別の土地に移り住んだ後でした。

私は実家に戻るとすぐにスーパーの仕事を始めることになりました。

実家に併設する本店もスーパーも、周囲は見渡す限りの田んぼです。覚悟を決めて戻ったとはいえ、三年間、華やかな京都で暮らしてきた私にとって、そのギャップは大きなものでした。

まず、夜が暗い。驚くほどに灯りがありません。ネオンの海に慣れきってしまった目には、まるで真っ暗闇に思えました。

加えて、ちょうどその季節は夜になるとカエルが大合唱を繰り広げます。三歳の頃の私なら、それにも好奇心で目を輝かせていたでしょうが、二十一歳の私はこんなにうるさかったっけ？　と耳をふさぎたくなるほど。それが妙に物悲しくも思え、夜になるとなんともいえない気持ちになりました。

なにせスーパー経営という未知の分野に、手をとって教えてくれる人もなくたったひとりで放り込まれたのです。「やるしかない」「どうにかなる」と構えながらも、心の奥底では、これからどうなるのかなと思わずにいられなかったのでしょう。

私にとって、久しぶりに帰った田舎の自然は、郷愁を覚えるものではなく不安をかきたてるものでした。

心折れる体験

しかし帰郷翌日からの私のミッションは、単純明解でした。父が仕入れてきて店に並べた商品を、売るだけです。もちろん田舎のことですから、お客さまが殺到することなどあり得ません。まるでままごとみたいだと退屈するのも当然で、面白いわけがありませんでした。

ちょうどそんなときです。当時、駅方面に四キロほど行ったところにそこそこの規模のスーパーがあったのですが、その隣のテナントが空いているのを目ざとく見つけました。お昼はスーパーの店頭に立ち、夜はここでスナックをやるのはどうだろうと、夜の世界にまだ少し未練のあった私はひらめきます。

なにせ直前まで京都でいくつもかけもちして働いていたので、多少しんどくてもやっていける自信はありました。そこでさっそく、父に「あそこでスナックをしたいんやけど」と申し出てみました。

「ふーん。やってみい」

父は意外にも軽く承諾してくれました。

「やるなら自分で契約してこいよ」

今ならわかります。父は私を試したんでしょうね。

「自分の値打ちを自分で知って来い」ということです。

そんなこともわからず、私はすっかりその気になってテナントのオーナーを訪ねました。

出てきたのは、ランニング姿のオヤジさんです。

「そこの空き店舗でスナックをしたいんですけど」

「へえ？　あんた、どこの子や」

「魚松です」

「そうかいな。契約するなら、親を呼んで来なさい。あんたじゃ話にならん」

鼻であしらわれるとはこういうことかと思いました。京都でいろいろ経験を積んできたつもりでしたが、しょせんは魚松という後ろ盾以外は何も持たず、何者でもない若者です。店を開くのに、お金がいくらあればいいのかも考えていませんでした。そんな信用のない人間に、店を貸せるはずがないのです。

極論すれば、ビジネスにおいて人間の値打ちを決めるのは、人間関係と、銀行からどれだけお金を引き出せるかということです。父はそれを私に身をもって学ばせたかったのです。

当時の私は、そんなことにも考えが及ばず、ただそのときは悔しくて、父に報告する気にもなれず、その話もそれっきりうやむやになりました。

ようやく理解できたのは、今の自分はこのスーパーに本腰を入れてなんとかしていくしかないんだということ。水商売に戻ることは二度と考えずに、目の前のことに全力を注ごう。

そんな決意をあらためて持つきっかけになりました。

「ちゃんとやるから、仕入れから全部、任せてほしい」

私は父にそう告げました。

流通を一から学ぶ

「自分でやる」と言ってはみたものの、当然ながらそのときの私は、京都での経験で酒屋さんから酒を仕入れてカクテルはつくれても、食料品の流通の仕組みなどほとんどわかっていませんでした。かといって手取り足取り教えてもらえるわけではありません。

ただ、やるからには面白くしよう、店を大きくしてやろうという野望だけは抱いていました。本腰を入れれば、きっとできるはずだという根拠のない自信もありました。あとは働きながら学んでいくのみです。

毎朝四時半に起き、まず卸売市場に行って野菜や魚などの商品を自分なりの目利きで仕入れ、戻ってきて値段を決めて店に並べ、九時半に開店。商品がどう流通するのか。どんなふうに料金を乗せ、どこでどれだけ儲けるのか。いわば物流の基本中の基本を、日々実践しながら学んだわけです。

まったく知らない世界だったので、見られるものはすべて見ようと、卸売市場も京都、三重、奈良……と各地を精力的にまわり、それぞれの特色をつかんだ上で仕入れ先を組み立てていきました。

このときはとにかく未知のものを吸収しようとがむしゃらにやっていただけですが、徹底的に流通を学んだことは、のちのちとても役立ちました。大変な道を選んでしまったと何度も思いましたが、そんな体験のなかでもがき、しんどい思いをしたからこそ「ええもん拾ったなあ」というのが、今振り返って言える感想です。

とはいえ、その頃は先のことなど知る由もありません。早朝の仕入れに始まり、店を閉めてすべての業務を終えるのが午後八時半。ほぼ休みなしで必死で働き、思うほどに儲けがないのに愕然とし、どうしたら利益が出るんだろうと、なけなしの知恵を絞る毎日。自分で動けるだけ動き、いいと思いついたことはとにかくやってみる。まさにトライ＆エラーの繰り返しでした。

思い切った挑戦が裏目に

手当たり次第のトライのなかには、成功したものもあります。

たとえば魚介の仕入れは三重県まで行くに限るとわかり、ほぼ毎日車を走らせたのですが、県道を走っていると、地場ものの野菜がとんでもない値段で売られているのに出会います。大根十本百円とか、まるで投げ売りです。話を聞いてみれば、地元ではせっかくつくって収穫しても二束三文でしか売れず、それでもさばききれなくて半分は腐らせてしまうというのです。

そこで私はトラックを乗り付けて仕入れ、そのまま当時五〜六百世帯は入っていた滋賀県守山の大きな団地まで行って、直売りを始めました。

破格値で仕入れたとはいえ、とれたての質のよい野菜です。たちまち評判となって、団地の前に着いてスピーカーで音楽をかけると、主婦たちがわらわらと集まってくれるようになり、連日完売。すぐに軌道に乗りました。

スーパーのほうはいくらがんばっても月商四〜五百万円がせいぜいでいつもカツカツでしたが、この移動販売を一年少しやったことで、やっと儲けが出てきました。よし、ここは一気に勝負だと、調子に乗ってしまったんですね。

甲賀圏内の貴生川駅前と水口平和堂の隣に、立て続けにスーパーの支店を出しました。単価百円、二百円のものを利益率二割、大きくても三割でコツコツ売る商売ですから、売り上げを伸ばすには規模を広げるしかなかったのです。

もちろんそのためには借金が必要でした。始めた頃とは違い、私の名前でお金が借りられる実績ができたことは、大きな成長でした。しかし三店舗を同時に走らせるには、経費も設備投資もそれまで以上に必要です。それは予想をはるかに越える出費となりました。

これで売り上げが加速し利益が増えると期待したのも束の間、少しのつもりの借金が、返済できるどころかさらに膨らんでいくのを、抑えることはできませんでした。

自転車操業の恐怖

そのうち、支払日を乗り越えるのに必死にならなければ立ち行かなくなってきました。まず最初の支払いがまとまって来る十日が近づくと、そわそわ。どうにかこうにかがんばってお金をかき集め、やっと払えた！　と思ったらあっという間に二十五日の給料日。自分の給料は確保できなくとも、パートやアルバイトへの支払いを遅らせるわけにはいきません。なんとか工面できたとほっとしたら、すぐに月末の支払い日になります。次から次に現れるハードルを、休みなく飛び越える持久走のようなものです。足がもつれないわけがありません。

公共料金は督促状が届く二か月遅れが当たり前、電気はいつも止められる寸前でした。十日の支払いも、ひとまず月末に落ちる先付け小切手を振り出し、期限までの二十日の間になんとか工面して銀行に入金するという、今思い出しても胃の痛くなるような日々がえんえんと続きました。

今でも忘れられないのが、特に支払いのかさむ年末のこと。振り出した小切手と合わせて、必要な現金は三〜四百万円たまっていたでしょうか。当時は銀行も十二月三十一日まで開けていましたが、手続き業務は本来、三時で終了します。しかし私の窮状を見かねて、ずっと入金を待っていてくれたのです。必死で売り上げをかき集め、銀行に駆け込んだのはなんと夜の八時頃でした。あまりに申し訳なくて、ブリを一本持参して現金と一緒に手渡しました。……何もかも、今では考えられないことです。

そんなこんなで二十代最後の二〜三年は、まったく無給で金策に走り回ったことしか覚えていません。もらろんせっかく増やした二店舗も、閉じざるを得ませんでした。

父のぬくもりある言葉

折しも、時代はバブル景気のまっただなか。それなのに私ときたら、三十歳を前に、積もり積もった借金は一億円にふくらんでいました。

家も店も、すでに担保に入っています。できるだけのことはしたつもりでした。父も母もこの窮状を放ってはおけず、本店の儲けや個人の貯金を切り崩して援助してくれました。しかし、事態はいっこうに好転することなく、借金がかさむ一方です。これから先、どうすればいいのか。楽天的な私も、さすがに先が見えず、考え込むことも増えました。

「何暗い顔しとんねん」

何かというと衝突をしていた父も、そんな私が心配だったのか、珍しく声をかけてくれたことがありました。

「人間、裸で世の中に出てきたんや。また裸になってもなんにも恥ずかしくないぞ」

あとになって思えば、父の精一杯の励ましだったのでしょう。また、肝の据わった父らしい言葉でもあります。

しかしそこで「よっしゃ！　裸一貫出直しや」とふっきるまでは、まだ覚悟のできていなかった私です。とっさに気の利いた反応もできませんでした。

でもこのときの言葉だけはずっと残っていて、ああ、貴重なアドバイスをくれたんだなとあとになって何度も思い出すのです。

見守り続けてくれた母の愛情

そうしている間にも、状況はますます悪くなっていきました。

ある夜は、母が私の元に来て「へそくりやけど」と五十万円、差し出してくれました。ＪＡの最後の定期預金を崩したといいます。

「少ないけど、私にできるのはこれくらいや。もうこれ以上は出せへんし、最後やで」

そしてこんこんと語ってくれました。

「お前は本当に一生懸命やっていた。酒やギャンブルにおぼれたわけでもない、ただがんばって商売したのに、儲からへんかっただけや。それは仕方のないことや」

ありがたかった。もちろん莫大な借金には到底届かない額ですが、明日の支払いにも困っていた私には、涙がでるほど嬉しいお金でした。

同時に、このままではダメだと強く思いました。

その少し前、父の所有していた土地がゴルフ場開発にかかって売却されることになり、その全額で借金の一部を肩代わりしてくれたこともありました。

もちろん借金の相手が身内になっただけで、私自身の借金の総額が変わるわけではありません。かえって、なんとしてでもこのお金を返していかないと申し訳が立たないという思いが大きくなりました。

祖母が愛した土地への思い

どうしたらこの借金地獄から抜け出せるか。いろいろ方法を探るなかで、ほんの試しに、スーパーの土地と建物を売ったらいくらになるのか、不動産屋さんに当たってみました。するとと、さすがバブルの最盛期です。特に便利でもない田舎の百五十坪程度の土地にもかかわらず、すぐに「カフェを開きたい」という買い手がつきました。

その値段、なんと二、五〇〇〇万円！

売ってもまだ借金は残りますが、気持ち的にはかなり楽になるはずです。願ってもない話ともいえました。

しかし、私は直感的に、それだけはしたらアカンと思いました。もともとは祖母が切望して手に入れた土地です。もちろん本店はあるというものの、私の失敗が理由で売り払ってこの場所から魚松の名前を消してしまうことは、やってはならないと思ったのです。

父にしても、土地への思い入れは同様のはず。面と向かって確認はしなかったのですが、できることなら売りたくはないという本音を感じていました。

私流「逆転の法則」

こうなったら、なりふりなんてかまっていられない。とにかくどんなかたちになっても、ここで盛り返さなければ生きていけない。しかし十年近くやってきて、うまくいかなかったことにこれ以上しがみつくわけにはいかない。決断のときが迫っていました。

そしてついに、自分の得意なことで勝負しようという結論に至ります。夜の外食産業に商売替えすることです。それは、頭の隅にはあったものの、それまで蓋をしていた本当に最後の手段でした。

先ほど申し上げたように、小売業はどうがんばっても利益は売り上げの二〜三割が限度です。しかし、十代から経営を任されて成功した経験のある夜の外食産業なら、その逆、七〜八割が利益になることがわかっています。

しかし、一度スナックの出店を断念してからは、夜の世界に戻ることはしないと決めていました。戻りたいとも思いませんでした。もっと言うなら、戻りたくはなかったのです。

一方で、やったらきっとうまくいく。成功する方法を、私は知り尽くしている。そんな揺るぎのない自信だけは、ありました。

もうなりふりをかまっている場合ではありません。自分に残された最後の一手は、利益率二割から八割の世界へ戻ること。自称「逆転の法則」です。さんざんあがいた結果、失敗に終わったスーパー経営を十年目にして断念し、私は大逆転に賭ける大きな方向転換……同じ場所で、居酒屋を始める決意をしたのでした。

しかしこれに父は大反対します。スーパーの失敗を見ていただけに、「こいつは失敗グセがついている」と私のことを信じられなくなっていたのでしょう。唯一、ずっと帳簿を見てくれていた父の元同級生の粂田さん（これがまた実はのちにＪＡ甲賀のトップになる凄い人だったのですが）だけが、「ええやんか。とことんやってみなさい」と背中を押してくれたのが救いでした。

メインバンクも大反対

もっとも、スーパーを居酒屋にするには、大がかりな改装が必要です。私にその資金はまったくありません。

そこでメインバンクに融資をお願いしに行きました。

「何考えてるんですか」

私が話をするやいなや、支店長の開口一番の言葉です。その表情からは、こいつ馬鹿じゃないかというあきれかえった気持ちが察せられます。

「いいですか、人は暗いところから明るいところへ行くものです。なにを好き好んでそんな山に向かって飲みに行こうとしますか。あんな場所で居酒屋なんて、無理ですよ。失敗するに決まっています」

そして、スーパーの改装をするのなら、必要なだけ融資してもいいとおっしゃるのでした。

「いや、流行らせる自信があるんです。居酒屋をします」

テコでも動かない私に愛想が尽きたのか、それともよほど哀れに思ったか、結局、少しだけ融資をしてくれることになりました。

しかしその額は、たった一七〇万円。とても改装費はまかなえない額です。それがまた、私の負けん気に火をつけました。

「絶対成功させてやる！」

私は決意も新たに、店の改装に取りかかりました。

寄せ集めの手づくり改装

資金一七〇万円でできることは、限られています。無理を聞いてくれる気のいい大工さんを探してきて、まずお願いしたのは、約三十坪の店内を一新するため厨房と客席を仕切り、居酒屋の顔にもなるカウンターをつくってもらうことでした。足元にはコンクリートを流してもらいましたが、この時点ですでに予算はカツカツ。どうしてもコンクリートが足りなくてごまかそうとしたところ、端っこの席あたりに微妙に傾斜がついてしまった状態でしたが、ベースはなんとか整いました。

あとは自力で体裁を整えていくしかありません。屋根裏に上って、配線工事やダウンライトの設置は全部私がやりました。

一方、店舗開店から四半世紀、ほとんど手を加えていなかった壁の見映えも大切です。幸いなことに、京都にいる実弟がちょうどクロス屋に勤めていて（現在、広岡壮美株式会社社長）、クロス貼りをやってあげると申し出てくれたので、甘えることにしました。

しかし、よく見れば壁そのものが穴だらけで、とても直にクロスを貼ることができないとわかりました。もちろん塗り直したり、上から板を張ったりするお金はありません。

そこで私は、信じられない暴挙にでました。壁の上に直接、ガムテープでダンボールを貼りめぐらしたのです。

「よし、この上からクロスを貼ってくれ」

「そんな無茶な」

弟は困った顔をしましたが、これが精いっぱいという私の状況をわかってくれたのでしょう、なんとかごまかしながら、ちゃんとした壁に見えるように整えてくれました。

厨房づくりの資金はゼロ

あとの設備は中古品を二束三文で集めてきました。しかし、難しいのが肝心要の厨房機器です。冷蔵庫だけはスーパー時代のものを流用できたので助かりました。しかしコンロや調理台など、調理に必要なものをまともに揃えたら百万単位で飛んでいきます。ひとまず三重県にあった中古品屋さんの倉庫を見せてもらいに行きましたが、お値打ちとはいえ、やはり手が出ない価格です。

どうしたもんだろうと考えながら表に出ると、倉庫の脇に厨房機器が野ざらしになっているのが目に入りました。

「これは何ですか？」

「ああ、売り物にならないから出してるんですよ」

――これや！　ええもん見つけた！――

私の目には、そのガラクタの山が宝の山に映りました。すみからすみまで物色してまわり、なんとか使えそうなものを引っ張り出しました。そして、「どうせ売らへんのやったら、これとこれ、千円で譲ってくれへんか」と交渉したのです。すると店主は、「そんなのゴミやからただでええよ」と笑って譲ってくれました。なんというラッキーでしょう。ありがたきは人の情けです。

文字通り拾い物の機器は、捨てられていただけあって、一筋縄ではいかないものばかり。しかし工夫をすれば、なんとか使うことができました。たとえばガスコンロは、普通の何倍も五徳の直径が大きいラーメン鍋用のものでした。そのままでは使えませんから、私はそれを厨房に据えると、上に鉄の棒を何本も渡して台をつくり、ひとつの火の上にいくつも鍋がかけられるようにしました。

カウンターだけは立派なものの、足元が少々傾いたところのある店内。中古品を買い叩いた椅子とテーブル。壁面のクロスの下はダンボール。素人の電気配線。そしてやたらに炎の大きなガスコンロ。今思えばおそろしい環境です。消防法などあったものではありません。こんなに無茶苦茶ながらも、見た目にはまあまあ居心地がよさそうな居酒屋が完成しました。

真似をするのも才能

あとは、肝心のメニューです。当時、地元ではまだ飲みに行くといえばスナックという、〝スナック文化〟最盛期でしたが、少し足を伸ばした圏内も含め、社会ではすでに居酒屋が大ブームを巻き起こしていました。

商売を成功させるには、絶対に流行させる要素が必要です。それが何かを見極め、上手に取り入れることが大事だということは、それまでの経験で学んでいました。

私は居酒屋経営での再出発を決めてから、夜の空いた時間に車で半径約二十キロ圏内を走りまわり、流行っていそうな居酒屋を見つけては偵察することを繰り返しました。

流行っているかどうかを見抜くポイントは、駐車場です。これまた今では考えられないことですが、飲酒運転の取り締まりが今よりもずっと緩かったこの時代は、車社会の田舎では車で飲みに行くのが普通でした。駐車場が混み合っている居酒屋は、間違いなく人気店です。

また、京都での板前修業時代、大将と交わしたこんな会話を覚えていました。

「お前は、ご飯を食べに行くとき、どんな店を選ぶ？」

「でっかい看板が出てる店ですかね」

「あほか。看板は小さいほうが旨いに決まっとる」

大きな看板を出す店は、目立つけど見かけ倒し、味は二の次のことが多い。本当に美味しい店に行きたいと思うなら、看板が小さくても賑わっている店を選べ。そんな大将の教えを頭に、看板が小さくて駐車場がいっぱいの店に目をつけるようにしました。その読みは当たっていました。

私はそれぞれの店でメニューや人々の反応をよく観察して、何が流行しているか、どんな演出が受けているか、研究しました。人気店は刺身や揚げ物などポピュラーなものほど、味や盛りつけ方などに工夫があるのを見逃しませんでした。

そこで、これはいいぞと思ったものをそっくりコピーして自店のメニューに加えていきました。人気店のエエトコどりです。

私は常々、「真似をするのも才能」と思っています。もちろん最初に思いつく人もえらいのです、それをそっくりそのまま贋作のように再現できるのも、この世の中を渡っていくには必要な能力だというのが持論です。

十年のスーパー経験で、素材の目利きも仕入れもお手のものでした。新鮮な魚や野菜を使った味もセンスもあるメニュー。これは絶対たくさんの人に親しんでいただけるいい店になるという自信が、確かなものになりました。

人生の転機、もうひとつ

実はこの年、もうひとつ決断したことがありました。前年にとあるパーティで出会い交際を続けていた女性と結婚したのです。その時点ではまだスーパーを経営していた私が、しばらくしていきなり「居酒屋を始める」と宣言したときには、驚いたでしょうね。でも「ビックリ」とともに「ワクワク」があったと思います。そして新婚早々の居酒屋めぐり。そう、居酒屋の「スパイ」ミッションは、私たちにとって面白かった思い出のひとつでもありました。その後のどんな展開にあっても私を信じて必要以上に追及せず、いつも楽しげにサポートしてくれた妻には感謝しかありません。本人は「変な人の嫁になってしまったなあ」と思っているに違いないですが。

しかも、結婚後にわかったのですが、彼女にはビックリするような才能がたくさんありました。そのひとつが、絵を描くセンスです。なんと昔は漫画家になりたかったそうで、ちょっとお願いしたらパパッと形にしてくれる絵心には本当に助けられました。居酒屋オープンにあたってのメニューやイラストも、すべて彼女が描いてくれました。

加えていうなら現在、魚松のお店で使用している絵本形式のメニューブックも、彼女の作品です。見ているだけで楽しくなれる松茸ファミリーのキャラクターもまた、彼女の人柄を表しているかのようです。そして、この本の挿絵もお願いすることにしました。

それにしても、妻がのちに魚松の女将として大活躍することになるなんて、このときは想像もできませんでした。

おっと、話が少し先走ってしまいました。居酒屋魚松開店の頃に戻しましょう。オープン日は平成元（一九八九）年九月十八日に決定。私は三十歳になっていました。

プレオープンの屈辱

開店に先立ち、まずは前日にご挨拶がてら、知り合いや近所の人を招待して、今でいうプレオープン、前夜祭を開くことにしました。

といっても、招待客のほとんどは父が始めた、ある「講」の仲間が占めていました。二、三十人はいらっしゃったと思います。私は張り切って料理し、景気よく酒を振る舞いました。賑やかで、幸先のよいスタートにしようと心を尽くしました。

ところが、この人たちは、ほんの少し料理をつまんだだけで、いっせいに帰り支度を始めました。

「こんな店、どうせすぐ潰れるさかい居ても無駄や」

「スナック行って飲み直そう」

聞こえてきたのはこんな声です。

私がスーパー経営で借金しまくっていた頃から、徐々に「魚松はもうあかん」「あの息子が店を潰す」といった噂が流れ、誰もまともにつきあってくれようとしなかったのです。それほどまでに信用がないのかと、あらためてショックを受けました。

まだ浅い時間だというのに、招待客のほとんどがゾロゾロと去り、広い店内に残ったのは父と、唯一、居酒屋への転身に背中を押してくださった粂田さんだけになりました。父も情けなかったと思います。

ふたりぽつんとカウンターに腰掛けて、酒をつぎあう姿は、物悲しいものでした。

「思いきりやらしてみたらええやんか」

励ますように力強く、父に声をかけてくださっていた粂田さんの言葉が、今も耳の奥に残っています。

「絶対に負けへんぞ」

しかし、もうそんなことで意気消沈する私ではありません。

燃えたぎるような闘志は、これから始める店を潰してなるものかという責任感となって私の背筋を伸ばしました。

予想を上回る手応え

そして迎えた初日。結果からお伝えしましょう。来店客数・約三十名、売上額・十一万四、三九七円。なんと、開店直後からお客さまが続々とやってきて、そこそこの賑わいが閉店の時間まで途切れなく続いたのです。予想を超える盛況のおかげで、一日目にして願ってもいない大きな儲けが出ました。

融資を申し込んだメインバンクの支店長には「こんなに暗い山のなかに居酒屋なんて流行るわけがない」と言われましたが、実際はその逆でした。暗闇に灯るあかりに吸い寄せられるように、人々はワクワクした顔で集まってきました。そんな場所に突如誕生した居酒屋が、物珍しくもあったのでしょう。期待以上のお客さまが来てくださったのです。感動で胸をいっぱいにしながら、私は笑顔で立ち働きました。

始終大忙しで、私はお客さまの顔を確認する余裕もありませんでしたが、一人だけ印象に残るお客さまがいらっしゃいました。カウンターの隅にいらっしゃった方です。

「料理が多くて食べきれないので、持って帰ってもいいだろうか」と遠慮がちにお声がけくださったのを覚えています。

「もちろんです。器ごとお持ち帰りください。またついでの時にお持ちくだされば結構です」と、私は快く承諾しました。

これだけなら、そんなこともあったなあと思うくらいで、すぐに忘れてしまっていたかもしれません。しかし、これが翌日の興味深い出来事につながります。

不思議なお客さま

大きな手応えを感じて、意気揚々と迎えたオープン二日目。なんと滋賀県を台風が直撃したのです。

台風シーズンとはいえ、二日目にしてこれとは、運がない……と私は天を仰ぎました。

それでも、店を閉めることはしたくなかったので、お客さまゼロを覚悟で、形だけでもと開店しました。

案の定、お客さまは一人もいらっしゃいません。当たり前ですよね。外は風雨がどんどん強くなっています。

「せっかく運が向いてきたと思ったのに」とうなだれていた、そのときです。

前日にお持ち帰りをされた例のお客さまが、器を返しがてら、お食事にいらしたのです。しかもなんとご家族連れで。

大量の雨が容赦なしに屋根を窓を叩き、時に唸るような突風が店を激しく揺さぶっていきます。そんななかで、ご家族四人が、何事もないように和やかにテーブルを囲み、食事をしてくださっています。

その光景がなんだか神々しくさえ見えて、私は胸が熱くなりました。

結局、その日にご来店くださったのはこのご家族のみでした。

そんな日に家族でいらっしゃるくらいだから、近所にお住まいに違いない。そう信じて疑いませんでしたが、そのお客さまは、それ以来、来店されることはありませんでした。近所でばったりお会いすることもなかったのです。


それどころか、自分でも不思議なのですが、そのお客さまとご家族がお食事されている光景ははっきりと心に刻まれて忘れられないのに、お顔を思い出そうとすると靄にかかったようにぼうっとします。

こんなことを言ったら、きっと笑われると思いますが、ふと、あの方々は本当に人だったのだろうか、と思ってしまうのです。繁盛へのご縁を、しっかりとつないでくださった何者かではないのかと。

それくらい、私のなかでは印象的で神秘的な出来事でした。

翌日は台風一過の晴天。その日からまたお店は開店日のような賑わいを取り戻しました。

コラム　三代目〟の拾いもの・その三

忘れてはならない〝三方よし〟

なかなか思うような儲けが出ないスーパー経営を始めて、気がつけば、私は売り上げを追うことだけに必死になっていました。とにかく売らねば、儲けなければ、という気持ちばかり先行して、お金を追いかけすぎたのです。これが失敗の始まりでした。恋愛だって、好きや好きやとしつこく追いかけたら逃げられますものね。お金も一緒です。

私は、魚松が商売の原点としてきた「お客さまを笑顔にする」ということをすっかり忘れ、お客さまを喜ばせるどころかお客さまに背を向けて、お金しか見ていなかったのです。お客さまが何を求めているのか、甲賀にあるひとつの店舗として、どうしたら地域の人々を幸せにできるか、まったく考えなくなっていました。これでは失敗して当たり前です。

やがて居酒屋に転向した五、六年後に、滋賀県水口でスーパー経営されている方と知り合いになりました。そこで扱っていらっしゃる食品はどれも驚くほど新鮮で良心的な価格でした。居酒屋の仕入れをそこでするようになったほどです。もちろん地域一番店として、大成功していました。

「どうしたらそんなにうまくいくんですか？」

思わず尋ねたら、そのオヤジさんは言いました。

「簡単だよ。その日に買ったものをその日に売る、それだけだよ」

本当にお客さまに喜んでいただけるような新鮮で質のよい食品を仕入れ、その日のうちに売り切る。それを淡々と繰り返せば、お金がちゃんとできていく。商売はシンプルが一番なんだ、ということです。

あらためて私は、余計なことをしてはお金に振り回されていた日々を大いに反省しました。ここでもまた、人生の先輩たちが「気づき」を与えてくれました。

近江商人が商売の原点としている言葉に「三方よし」という法則があります。「売り手よし、買い手よし、世間よし」。よいビジネスは、商いの儲けだけでなく、お客さまのご満足、地域社会への貢献があってこそ成り立つものです。私も失敗と成功を繰り返す経験のなかで、みんな笑顔の正三角形ができれば、何もかもがうまく回り出すことを学びました。その基本は、絶対に忘れてはならないと思っています。

コラム

私は今が旬！　いつも旬！

普通の人はよく正月におみくじを買うと思いますが、私は買いません。

これにはきっかけがあります。ずいぶん昔、私がまだ二十代で、父が社長として、バリバリやっていた頃です。父は信心深いほうで、京都の伏見稲荷大社に毎月一日、「朔日(ついたち)参り」を欠かさず続けていました。

ある年のお正月、私も父のお供で、元旦にスタッフと一緒に京都までお参りに行きました。年のはじめということで、お参りした全員がおみくじを買いました。もちろん私もそれにならいます。

父はこういうとき、必ず大吉でした。

それを横目に自分のおみくじを見ると……大吉には遠く及ばず、よくない運勢が書いてありました。

その瞬間、私は自分の運勢がぴたりと止まってしまったような気がしたのです。一年の計は元旦にあり、ともいわれます。

「なんや、一年この気持ちかいな」

たぶん私は少し負けず嫌いなのでしょう。それから、私はまったくおみくじを買わなくなりました。

その代わり、お正月のお参りに行くときは、こう思って手を合わせるのです。

「今年も私の年であります。ありがとうございます」と。

毎年、毎年「またまた私の旬の年が来た」と思います。さらには日々、「私は今日も旬だ」と心を勢いづけます。

そうするようになってから、少しずつ、運気が上向いてきたような気がするから不思議です。

自分自身を導き、願いをかなえる力になるのは、「思い込み」なのかもしれません。

第４章 松茸との再会

みんなを笑顔にした「松茸さん」

居酒屋魚松は、日を追うごとに賑わいを増していきました。平均客単価は当時から三千円くらいだったでしょうか。それに引き換え、それまで地域の人々が何かにつけ利用していたスナックは、ちょっと座って飲んだだけで、五千円は軽く超えてしまいます。寄り合い後の飲み会や、行事後の打ち上げなどに、より手頃な価格で、美味しいものが飲み食いできる居酒屋が利用されるようになったのは、当然といえば当然の流れといえるでしょう。

私は私で、日々、居酒屋の厨房に立ち、お客さまにもっと喜んでいただけることはできないかと、試行錯誤を繰り返していました。もちろんオープン時から提供している料理やお酒も好評でしたが、「これは笑顔になってもらえそうだ！」という思いつきがあると、常に料理に新しい手を加えていました。

その日は、四人で宴会をされていたお客さまが、「シメを食べたいけど何かある？」と声をかけてこられました。

「そうやなあ……」

私は厨房を見渡して、メニューにある鍋焼きうどんを、人数分の大きめの土鍋でみんなでつつけるようにして出そうと思いつきました。たっぷり出汁を張り、白菜やねぎなどの野菜にうどん玉……

「そや、これも入れとこ」

九月といえば、松茸が出始める時期。私は、なんの気なしに、たまたまあった松茸をざっくり切り、一緒に鍋に放り込んでお出ししたのです。

「うわあ、松茸やんか！」

「豪勢やなあ」

鍋の蓋を開けたとたん、お客さまの歓声が響きました。カウンターからのぞけば、みんな、ぱあっとその日一番の笑顔になっています。

へえ？　と思いました。貴重なものとはいえ、私自身は子どもの頃からずっと目にしてきた松茸です。それがこんなに喜ばれるものだったとは！

滅多に食べられないものが、さりげなく気取らずに出てくるサプライズ。その役割を、松茸が見事に果たしてくれたのです。

松茸メニューの威力

プロローグにもあるように、私の子ども時代、甲賀一帯の山では松茸がざくざくと獲れていました。いわゆる甲賀路の入り口にあたる一帯は、松茸を育むアカマツ林を擁する里山が多く、古くから松茸の産地として知られていたのです。

しかし高度成長期以降、住宅の需要が伸びるにしたがい、アカマツの林が建材に適した杉や檜の人工林に姿を変えていくようになります。また薪などに山林の資源を使わなくなったことも松林荒廃の原因となって、松茸の収穫量が激減していきました。私が居酒屋をオープンさせた頃には、すでに日常の食卓ではなかなか目にできない高級食材になっていました。

「松茸って凄いんやなあ」

お客さまの反応で、あらためて松茸の魅力に気がついた私です。まだ半信半疑のところがありましたが、お客さまの笑顔が忘れられず、早速、「シメの松茸鍋うどん」をメニューに取り入れてみたところ、これが大当たり。

好評に気をよくした私は、単品として「松茸うどん」も千円でメニューに加えました。当時はほとんど口コミでしたが、驚くくらいの勢いで広がりました。周辺でゴルフや会合をしたあとは、魚松に行って松茸うどんでシメよう！　そんなありがたい流行のようなものが生まれました。

今思えばバブル景気は崩壊の直前、まだまだみんなが華やかなものやことを求めていた派手な時代でした。そんな気分に、松茸うどんはうまくハマり、人気を得たのではないでしょうか。

〝松茸屋〟を受け継いで

こうして思いつくままに松茸を活用できたのも、父が運営し続けていた「松茸山」があったからこそです。

松茸を産する里山には、もともとそれぞれにオーナーがいます。いつの頃からか、甲賀一帯では、十月から十一月中旬の松茸収穫シーズン前になると、その権利を入札制で競売に出すという独特のシステムがとられてきました。その期間だけは、権利を買い取った人が自由に松茸山を運営することになり、本来のオーナーは立ち入ることもできなくなります。

規模も大きく収穫量も桁違いだった信楽地区だと、最盛期の入札相場一千万円という山もあったと聞きますが、私たちの神地区は三十万円もあれば小さな里山の権利が得られました。そこで父は、毎年シーズンには大原ダム近くの山をテリトリーとして、行楽の人々を松茸狩りに案内するビジネスを私が子どもの頃からやっていました。山のふもとにゴザを敷いて飲み食いのできる簡単なスペースをつくり、松茸狩りにいらしたお客さまを焼き松茸や松茸ごはん、地鶏とのすき焼きなどの松茸料理でおもてなしするのも、提供するプログラムのひとつです。

松茸がよく獲れた時代には、甲賀地区だけでそうした〝松茸屋〟が、十五～二十軒ほどあったものです。

しかし、松茸の収穫量の急速な減少とともに、まわりはどんどん廃業していきました。父も辞めると言い出したのは、私が居酒屋を開業した翌年、平成二（一九九〇）年のシーズン前のことです。

前年、人々の松茸への反応を目の当たりにし、松茸うどんをヒットさせていた私は、「それなら俺が勉強しながらやる！」と宣言し、引き継ぐ決意をしました。

おかげでとんでもない忙しさを経験することになるのですが。

そして迎えた松茸シーズン。早朝から卸市場に行って食材の仕入れ、戻れば昼間は松茸山にお客さまを案内して宴会のお世話、三時にはすべてを片付けて引き上げ、そのまま居酒屋へ。仕込みを済ませて開店し、深夜まで営業。これを私とスタッフ二人だけで切り盛りしました。松茸屋が稼働するシーズンは年間四十日くらいなのですが、よく身体がもったと思います。

しかもこのときのスタッフは、一キロくらい先から派手なエンジン音が聞こえてくるような改造車を乗り回す二十歳そこそこのやんちゃな青年たち。最初はどうなることかと思いましたが、これが実によく働いてくれるようになり、とても助かりました。

マスコミの威力にびっくり

文字通り早朝から深夜までのがんばりが実り、居酒屋と松茸山の相乗効果で、お客さまもさらに増えていきます。たまたま松茸山を訪れたお客さまのなかに、某テレビ局の役員さんがいらっしゃり、都会ではお目にかかれないロケーションや松茸料理の数々に、いたく感激してくださいました。

「これは凄いで。テレビで紹介せなあかんわ」

と、早速制作スタッフに口をきいて、情報番組で十分ほど松茸山と松茸料理のことを取り上げてくださいました。魚松がテレビに出た、初めての経験です。

それからが大変でした。オンエアされたとたんに、電話が鳴り止まない状態に。電話を切ったとたんにすぐに鳴る、本当にこんなことってあるんやなとびっくりしました。松茸山も居酒屋も、人気爆発という表現がぴったりの盛況ぶりです。てんてこまいのうちに二年目が終わりました。もちろん借金も順調に返済でき、ようやくひと息つくことができました。

このとき初めて、私はテレビの力というものを実感しました。以降、取り上げてくださるようになった雑誌なども含めて、マスコミの拡散力には何度も助けられることになります。こちらから売り込んだことは一度もないのに、幸せな話です。

好事魔多しとはこのこと？

ところが、こういうことで目立ったら、ともに喜んでくれる人ばかりではないのが世の常です。残念ながら嫉妬して足を引っ張ろうとする人も出てきます。また、好調に隠れた小さなほころびが、気づかないうちに大きくなっていくこともあります。

三人体制で順調に業績を伸ばしていた開店から四年目のことでした。仕事には真面目とはいえ、やんちゃな二人はやんちゃのままで、午前十二時頃に片付けを終え店を出ると、そのまま例の改造車でスナックに飲みに行き、朝方に戻ってくるという生活をしていたようでした。私自身は、京都での水商売時代から、同業者のところへ頻繁に飲みに行くのはあまりよくないという自分のなかでの戒めもあって、二人には「やめといた方がええ」と忠告はしていたのですが、聞き入れてもらえませんでした。

そんななか、ある朝方のことです。二人の乗っている車が事故を起こしたという連絡が入りました。幸い怪我人もいなかったのですが、現場に駆けつけた私は、怒り心頭。

「ええ加減にしとけ言うたやないか」

とつかみかかって、警察の人に止められたほどです。

しかし二人は反省したのか、していないのか……この頃から少しずつ、私との関係性がギクシャクするようになっていきました。最終的に、彼らが通っていたスナックからの引き抜きというかたちで、二人同時に店を去ることになってしまいました。

単純に手が足りなくなったことはもちろん、店になじんでお客さまにも可愛がられていた二人だっただけに、イメージ的にも大きな痛手です。

売り上げが落ちても落ち込まない

急遽、スタッフを募集し経験のない若い女性と、その後しばらくして男性も採用して、なんとか店をまわしていきました。

しかし実際のところ、「魚松、二人もいっぺんに辞めさせて何をしてるんや」と失望したお客さまもいらっしゃったのでしょう。お客さまはがっくりと減り、売り上げはそれまでの三分の一、月七十万円くらいまで落ち込む始末。

それでも、私にはスーパーのときのようなあせりはありませんでした。

「お客さん、来はらへんなあ。暇やなあ」

長くやっていれば、こんなときもあって当然。でもこのままでは終わらない。新しいスタッフが気のいい子たちだったこともあって、時間があるのを幸い、お客さまに喜んでいただける面白いことをやろうと一緒にアイデアを出しあいました。

厨房をオープンキッチンにして調理中に炎を上げるパフォーマンスをしてみるなど、あれこれチャレンジもしてみました。

なかなか売り上げのアップにはつながりませんでしたが、お客さまが何を求めておられるかをより深く考えるきっかけになりました。何より、私自身、そうしてあれこれ考えることが楽しいのです。自分がワクワクできることをしている限り、悪い方向にはいかない。それもまた、失敗を重ねた経験から得た確信でした。

実際、この時期に始めたより柔軟な店づくりが、やがてその後の展開につながっていくのです。

こんな居酒屋、見たことない!?

その頃には、あんなに寂しかった地域にも、魚松の成功にならった新しい居酒屋がぽつぽつとでき始めていました。それが客足の遠のく原因にもなっていたのでしょう。

求められているのは、お客さまが喜ぶ新鮮な仕掛けだと思いました。他の居酒屋にはない、理想をいえば誰も見たことのないような思い切った戦略で、とにかく目を引き、話題になるほどでないと、新しいお客さまは来てくださいません。

私は時間をつくっては、商売のヒントを拾いに街に出かけて行きました。そんななかで、「これだ！」と思ったのが大阪の炉端焼き屋がやっていた三百円均一の料金システムです。今でこそ珍しくないアピールですが、大手居酒屋チェーンが均一価格メニューを打ち出し、一世を風靡したのは、平成二十（二〇〇八）年のリーマンショック不況以降のこと。それに先駆けること約十五年、私はこの均一価格システムを、甲賀の田舎町に持ち込んだのです。

さらにどういう巡り合わせか、その時期の新規スタッフ募集に応じて面接に来てくれたのが、たまたま若くて美しい女性ばかりだったことが、私にひらめきを与えました。会えるだけでときめき、幸せになれるような魅力あるスタッフは、店としてこの上ないアピールポイント。強調しない手はないと、最初はちょっとおしゃれなエプロンドレスをフロアも厨房も含めた全員の制服にしました。そんな居酒屋は、かつてありませんでした。スタッフ自身も「可愛い」と喜びましたし、お客さまの間でもたちまち話題になります。しかもメニューはすべて三百円の明朗会計。人気が出ないわけがありません。

これに手応えを感じた私は、さらなる攻めに転じます。

エプロンドレスの次なるコスチュームとして、ベトナムの民族衣装、アオザイを着てもらうことにしたのです。

みんなが喜ぶハッピーな居酒屋

アオザイといえば、女性を美しく見せる衣装として有名です。スタッフがその衣装できびきび立ち働く姿は、壮観でした。お客さまの評価もさらに高まり、何より、スタッフの誰もが、人々の視線に磨かれ、どんどんキレイになっていくのがわかりました。

なにせ二十歳前後でマネージャーとして水商売の女の子を束ねていた私です。女性に気持ちよく働いてもらうコツは知り尽くしているつもりです。気分はもはや名プロデューサー？

「次はこれやな！」

今度はコスチュームを、チャイナドレスに一新することにしました。しなやかな女性のラインを強調するシルエットと深く入ったスリットは、アオザイより大胆でセクシー。その提案は、ちょっと冒険かなと思いましたが……なんと、嫌がるスタッフは誰ひとりいませんでした。それどころか、みんなさらに美しさに磨きをかけ、お化粧まで上手になって、嬉々として働いてくれます。

フロアはもちろん、厨房のスタッフも、チャイナ服姿でてきぱきと鍋を振るのですから、とにかくカッコいい。
「魚松の女の子が凄いらしいで」という評判が評判を呼び、その姿をひと目見たいと、週末ともなれば遠方からもたくさんのお客さまがいらっしゃるようになりました。……そのなかには、どんどん垢抜けていく娘のことが心配で思わず様子を見に客として来てしまったスタッフのお父さんの姿もありましたが。

同時に提供スタイルも、ショーアップ。たとえばサザエのつぼ焼きを目の前で炎を上げるパフォーマンスなど、これもまた私が人気居酒屋で見つけてきた技なのですが、お客さまはびっくり。魚松はしばし浮世を忘れて楽しめるエンターテイメント空間になっていきました。

そのうちに、開店前からずらりと人が並ぶようになりました。満席にすると六十人くらいは入ったのですが、連日、超満員です。週末ともなると、深夜になってもお客さまが減ることがなく、外で待つ人があとをたちません。生ビールが次々に出て足りなくなり、一晩に三回も配達に来てもらったことも。多い時には二十リットルの樽が七、八個空っぽになるという、凄まじさでした。

私は店の外で辛抱強く待ってくださるお客さまに申し訳なくて、「これでも飲んで待って」と景気よくビールを開けては配ってまわりました。この頃にはきちんと定休日をとっても、毎月の売上げは四、五百万円に達していました。

続々と生まれる繁盛店

そんな隆盛を目の当たりにして、うちで働きたいという有望な若者もたくさん集まってきました。

なかでも印象的だったのは、大学を出て大手企業に勤め、結婚もしている若者が「社長のもとで修業したい」とやってきたことです。

「いやいや、せっかくエリートコースに乗っているのに、なにもそれをふいにしてまでやることやないよ、今の仕事を続けなさい」と追い返したのですが、今度はなんと会社を辞め、奥さんとともにやってきました。そして奥さんまでが「うちの旦那に商売を教えてやってください」と頭を下げるのです。

辞めてしまったものは仕方ないと私は彼をスタッフに招き入れました。もちろん頭がよくやる気にあふれているから飲み込みも早い。支店を出して一軒まるごと任せるまでに、時間はかかりませんでした。

その後も、経営を教えてくれと頭を下げてくる若者があとを絶ちませんでした。思えば、まだまだ夜の街に活気があるいい時代でした。甲賀周辺から遠くは南草津まで、同様の業態の店を出し、有望な若者を店長として切り盛りを任せていきました。そういった店はたちまち全部で十店舗に。魚松の名前を使ったものもそうでないものもありました。スタイルも店ごとに少しずつ変えていきましたが、居酒屋ブームの時流にも乗り、それがどこも大繁盛です。

起死回生のつもりですべてを賭けてつくりあげた新しい居酒屋は、私のアイデアを発信するビジネスモデルとなったのです。

そんな活況の日々は、私の三十歳代半ばから後半まで続きました。

大事故と父親との別れ

一方、二代目の魚松社長であった父は、松茸山を退いたあとも本店の方で変わらず仕出しと宴会を主とする業態を続けていました。ほぼ家族で経営を回し、盛業を保っていました。

しかし平成四（一九九二）年に脳梗塞を患ってからは、身体の自由があまり利かなくなったので、そちらも私が手伝うようになりました。妻もついに女将としてデビューし、サポートしてくれるようになりました。父は七十歳を過ぎて肺がんも発病しましたが、第一線からは退いても経営には携わり、社長としての業務をこなしてくれていました。

私たちは、もともと考え方の合う父子ではありません。顔を合わせれば喧嘩ばかり。スーパーを辞めてからはなんとかうまくやっているように見えても、父にとって私はやはりどこか危なっかしく見えていたのでしょう。

だからといって、父子で経営についてじっくり話し合う時間は、ほとんどとれなくなっていました。私は、出せば当たる居酒屋や知名度の上がった松茸屋を回していくことに必死で、何もかもを一人で背負いすぎていたのだと思います。

それでも自分のやるべき仕事に手を抜くことはできず、三十代の半ば頃からは、ほとんど寝る時間もないような忙しい日々が続いていました。どんなに前日の夜が遅くなっても、翌朝は五時に起きて三重県まで魚介を仕入れにいくのが当時の日課。そしてある日ついに、三重県からの帰りの山中で、一瞬の居眠りから道をはずれてガードレールを越え、崖を転落するという事故を起こしてしまったのです。

ところが、まるでできすぎたドラマのように、うまいところに木が生えていて、そこに車が引っかかったことで下まで落ちるのを免れました。私は一歩間違えば命を失っていた大事故にもかかわらず、ほとんど怪我もなく九死に一生を得ました。

父がこの世を去ったのは、その半年後、平成七（一九九五）年の暮れのことでした。まさに急逝でした。最初、不調を感じた父は、自分で救急車を呼んで歩いて乗り込んだといいます。しかしあれよあれよの間に症状は悪化して、三日後に息を引き取りました。手術すれば助かる可能性があるという医師の言葉に、父は静かに「もういい」と意思表示したそうです。享年七十三、永遠の別れにはやや早い年齢でした。

延命を拒み、まるでタイミングを自分で決めたように旅立った父。それも私の命が奇跡的に助かった事故から、ほんのわずかしかたっていない時期に。ここに私は、運命的なものを感じずにはいられませんでした。

身代わり。

父は、私の命と引き換えに、自分の命を差し出してくれたのではないか。身を呈して、私にこれからの魚松を託してくれたのではないか。

口には出しませんでしたが、父を見送ってからずっと、私の頭を離れない考えです。

魚松の仕出し、大打撃

もうひとつ、父が身をもって私を守り導いてくれたと考えている出来事があります。

父が亡くなったのは、十二月二十八日。お正月にかけて、魚松本店の仕出しの仕事が佳境を迎える時期です。すでに予約をめいっぱい受けて、ブリは三十本、マグロも大量に仕入れ、今日明日にでも仕込みを始めるという段階でした。

しかし、そこで父があっけなく亡くなります。葬儀は大急ぎで段取りし、年内に執り行うことができました。しかし、それからが大波乱です。

「わかってるやろけど」

集まった親族のなかでも、一番権威のある人が、重々しく言い渡しました。

「正月七日までは仕事を全部断って喪に服さないとあかん」

まさに鶴の一声です。今では考えられないことかもしれませんが、風習に厳しい昔の田舎の話です。どんなにお客さまに申し訳なくても、大損害になっても、反論も反抗もできる空気ではありません。私は黙って従わざるを得ませんでした。

仕出しの注文は、一人のスタッフがお客さま一軒一軒にお詫びの電話を入れ、すべて断りました。朝から晩まで電話して、丸二日間かかったほどの数でした。もう暮れも押し迫っていて、代わりの仕出し屋さんに注文もできない時期です。事情が事情であったにせよ、お客さまがどれだけ怒り、魚松が信用を失ったか、想像に難くないでしょう。

案の定、それがきっかけで、翌年から仕出しの注文はほとんど来なくなってしまいました。もしもこのことがなければ、それからも私は父の後を継いで、仕出し中心の商売を続けていたはずです。ところが、この「失態」があったために、業態の転換を考えざるを得ない状況になってしまいました。その少し前、父が現場に出られなくなったことから、魚松本店は寿司カウンターを設けて板前さんに入ってもらっていたのですが、仕出しをあきらめて本格的なカウンター割烹として営業していくことにしました。

仕出し屋という業態自体への需要が急激に下降し、周囲の専業の店が廃業していったのは、それからほどなくのことです。そのまま仕出し屋中心に続けていたら、おそらくは魚松もその波に飲み込まれていたことでしょう。

これもまた、「これからはもう仕出しの時代ではなくなる。外食産業に力を注げ」という父のメッセージだったような気がしてならないのです。

本店を盛り上げる使命

父の死は急だったので、私はいきなり平社員から社長になりました。少しずつ業務を引き継いでいたとはいえ、わからないこともたくさんあって戸惑いました。

たとえば、小切手を切るのに、当時は手書きでしたから漢数字で書かなくてはいけません。これがわからなくて、まず漢数字を勉強することからスタートしなければなりませんでした。そんな笑い話も、いっぱいあります。

ともあれ本店は、業態変更したとはいえ慣れた板前さんがいてくれたので、この人を中心に据え、女将業が板についてきた妻と、時折は母にも手伝ってもらいながら回していくことができました。私は相変わらず、居酒屋魚松の経営と支店のオープン、シーズンを迎えれば松茸屋の営業に奔走し続けていました。

しかし、父の死から一年以上がたち、ついには「初老」、「不惑」の四十歳を迎えると意識しだした頃から、ぼちぼち潮時だなという思いが頭をもたげてきました。

この盛況がいつまでも続くわけがないということは、経験的にわかっていましたから。とにかく、一番調子のいいときに手放すのが最善。今がそのときだ。そう決断してからは、早かったです。私は繁盛を続けているすべての店を暖簾分けしてそれぞれの店長に渡し独立させました。そして私自身は、魚松の原点である魚松本店に戻ることにしたのです。本店の売り上げが少し落ちているのも気になっていました。

お客さまゼロからの再スタート

戻ってみて驚いたのは、店の荒廃ぶりでした。なんと本店勤務の一日目は、お客さまがゼロ。所在なげにしている板前も、最初に店を任せた頃の実直な印象と雰囲気が変わった気がします。

翌日は、常連のお客さまがいらっしゃいましたが、席についたとたん申しつけられたのは「俺のボトル、持ってきて」――それが、なんと一升瓶なのです。一升瓶のボトルキープなんて目にしたのは、後にも先にもこの店だけです。

そのお客さまは料理を頼むでもなく、わずかのアテで一升瓶をちびちびと飲むだけで、売り上げは千円に満たないほどでした。

そして、他にも一升瓶をキープされているお客さまがちらほらお見えになります。よく探ってみると、魚松に入社した当初お酒を一滴も飲めなかった板前が、いつの間にか仕事終わりにお客さんと飲みにいく仲になっていました。結局、板前とお客さまとの馴れ合いが度を越して、言いなりの店になってしまっていたのです。

「ちょっと、これはよくないな」

飲みに来るだけのお客さまには申し訳ありませんが、これは私が思っている魚松ではありません。魚松の基本は外食産業。お酒を飲みながら食事も楽しんでいただけ、ファミリーにもご利用いただける店であることが、本来の姿です。

板前にもその点をよく説明し、ボトルキープをすべて廃止して、お客さまとの関係を一からつくり直すことから始めました。

新しい店を出したつもりで、地道にやっていこう。しかし、そう覚悟を決めた矢先に、とんでもないことが起こってしまうのです。

板前失踪！　女将がキレた！

開けて平成十（一九九八）年、この年に四十歳を迎える私は、「初老」の厄除けの風習として、正月の仕事が落ち着いたら伊勢参りにいこうと計画していました。ところが正月二日の早朝、京都の実父が息を引き取ったと連絡が入ったのです。

正月の仕事に関しては板前に任せてあるし、女将とふたりでなんとか大丈夫だろうと、私は朝一番に京都へ。母も続きました。

ところが、葬儀を準備していると、女将から電話が入りました。

「板前さんが出勤してこない！」

「なんやて？」

しかし、その日の料理の注文がかなり入っているし、材料も仕入れてあります。頼れるのは女将しかいない状態です。私はできるだけ細かく女将に指示して、拝むように電話を切りました。

魚をさばいたこともない女将がたった一人で、どうやってそのピンチを乗り切ったのか……それは身のすくむような体験だったでしょう。

「いい加減にしてよ！」

三日後、京都から戻った私を迎えた女将、すなわち妻は、見たことがないくらいに怒っておりました。これまでたいていのことは笑って許してくれていた女性です。それが、まさにブチギレ状態。どうやらそれまでも不満はいろいろあって、一気に噴出したんでしょうね。

「もうこの先、絶対に板前さんは入れないで！　板前さんがいなくてもお客さまが喜ぶことを考えてください」

また難しいことを……と困惑しました。しかし、なんとかしないと女将の怒りもおさまりそうにありません。確かに、シンプルに魚松らしさが表現できて、より多くのお客さまを笑顔にできる「何か」を発信する時期にもきていると思いました。

そしてそこでまたも私を救ってくれたのが、「松茸さん」だったのです。

魚松の看板メニュー、「松茸と近江牛のすき焼き食べ放題」が登場したのは、その秋のことです。

コラム　三代目の拾いもの・その四

タスキをつなぐということ

　初代から二代目、そして三代目の私へと、魚松のタスキは、なんとかつながりました。もともとは京都生まれの私が素晴らしいご縁を授かり、神という土地に育ち「魚松」というお店に人生そのものを捧げることができたのは、本当にありがたいことです。このタスキには、魚松という「看板」「屋号」を自分以上に大切に思い、大事にして来た先代、先先代、そしてご先祖様、すべてを担う重みがあります。タスキを受けてから、この章でお話したエピソードをはじめとして、私はそこにこめられた二代目・父の思いをさまざまな形で知ることになりました。

　お正月の箱根駅伝を見ていても思うのですが、タスキは途切れたら終わり。みんなそのことを知っていますから、必死の形相で走ります。また、渡す人は、受け取る人のことを思い、走りやすい状態で渡します。それこそが、相手の立場を思いやるということです。

事業というタスキの場合は、すべてをお膳立てしてあとは思い切り走ればよいだけの状態にして渡せば済むというものでもありません。もちろんスムーズに動けるように環境を整えるのは大切。また、そのなかに課題もこめて、次の代が知恵を使える余地を残しておくことも必要だと思います。

前者でいえば、もともとは車も入れない袋小路にあった本店の土地を再整備して広げ、お客さまが入りやすい環境を整えてくれていたことは、祖母からバトンを継いだ父の大きな功績だったと思います。後者はややスピリチュアルなことになりますが、父や実父が世を去ったタイミング、そしてその後の商いのゆくえを見ると、「次の時代はこのままではダメだよ。ちゃんと考えろよ」というメッセージを込めてくれた気がしてならないのです。

タスキは、受け取る側にもそれなりの覚悟が必要です。どんな思いをこめてつないでくれたのか、目に見えるもの、見えないものを含めてしっかりと受け取り、投げかけられた課題を解決すると同時に、次に託す課題をつくることもまた、つないでいく者の使命ではないでしょうか。

コラム

「生き物には油断するな」

言葉だけ聞くと、何のことかと思いますね。実はこれ、魚松の初代であり尊敬してやまない祖母・まつが、生前よく私に説いたことのひとつです。

「生き物」とは、すなわち人間のこと。人間関係でよくあるのが、今、目の前の相手の状態や置かれている状況だけを見て、能力や性格を判断してしまうことです。この人は勉強が苦手だから、気が弱いから、お金を持っていないから等々で「どうせ何もできないだろう」と軽く見て、いい加減なつきあいしかしない人がいます。しかし、それは大きな間違いです。

人間は、何かをきっかけに大きく変わるもの。どこにどんな能力が秘められているかなんて、誰にもわかりません。ひょっとしたら、その人の生き方を変える鍵を持っているのは自分かもしれないし、その逆もあり得ます。相手をしっかりと尊重し信頼関係を結んでいれば、いつかそれが自らの身を助けることもあるのです。

だからこそ、どんな相手にも敬意を忘れず誠実に向き合うこと。祖母まつは、それを生涯実践し、身内にも他人にも、陰日向なく接した人でした。

第５章

「あばれ食い」誕生

みんなが幸せになれる料理

――松茸と近江牛のすき焼きを、食べ放題にして提供しよう――

そう思いついたのには、理由がありました。成功をおさめた居酒屋をリセットし、魚松本店を再スタートしたとき、あらためて思ったのはもっと多くのお客さまに楽しんでいただきたいということでした。その真髄は、お客さまを快く「おもてなし」することにあります。ご来店されたお客さま全員が幸せになれるような、夢のような食事の時間を提供したい、そんな店づくりをしたいという考えがありました。

その中心になるのは、やはり夢のようなご馳走でしょう。そして、女将の要望によって板前に頼らずにできるものという条件が加わりました。さて、どうしよう。

考えてたどりついた答えが「すき焼き」だったのです。

すき焼き、それは日本人にとって特別な料理。お給料日や喜びごとがあった日、家族でひとつの鍋を囲みながら、笑顔で美味しく楽しく過ごせる時間をくれるものです。

私がイメージする家庭のすき焼きは、まずお母さんが「今日はすき焼きにしましょう」と買い物に行って仕度してくれます。メインになるのは、なんといっても上等なお肉です。しかし、すき焼き用のお肉は、上等なだけあって高価です。家族みんなが好きなだけ食べられるほど用意するのは、なかなか難しいかもしれません。お父さんも子どもたちも、たくさん食べたいですものね。

予算の許す限りお肉を用意したお母さんは、お父さんや子どもたちの器に、「ようけ食べや」と火の通ったお肉をどんどん取り分けます。家族にたくさん食べてほしいあまり、どうしても自分の分は遠慮がちになってしまう。

みんなニコニコ、楽しい団らん。でも、そのなかにあって、お肉を思う存分食べているお母さんはきっとそんなに多くないのではないでしょうか。

だからこそ、魚松では、そんなお母さんも自分が食べることに夢中になってほしいと思いました。もちろん準備や片付けの心配もいりません。大好きなすき焼きをみんなで囲み、なんの遠慮もなくお腹がはちきれるほど満喫してほしい。こうして家族全員を本当の笑顔にすることこそ、外食産業の姿ではないかと思いました。

もちろん、魚松が出すからには普通のすき焼きでは面白くありません。メンバーとして絶対にはずせないのはもちろん松茸さん！　その相棒には滋賀が誇る近江牛といきましょう。「松茸と近江牛のすき焼き」、それは松茸を営んできた魚松の伝統のメニューでもあります。それをたっぷり用意して、好きなだけ食べていただけるようにしたらどうだろう？

この発想には、家庭では忙しいお母さんでもあった女将も満足してくれました。そうして、松茸と牛肉のすき焼きの食べ放題メニューが誕生したのです。

とっさに口にしたネーミング

「食べ放題」と銘打つからには、せこいことはしたくありません。もちろん国産の松茸では無理がありましたが、その頃には外国産でも質のよい松茸を仕入れることができました。

これなら、手頃な価格設定でも惜しげもなく出すことができます。籠いっぱいの松茸に、大きなお皿を埋め尽くす近江牛。「おかわり」の声を聞けば、すかさずスタッフが駆けつけて、これでもかと追加。すき焼きを囲む人々からは、絶えず歓声と笑い声が上がります。しかも登場時の価格は当時の消費税五パーセント込みで六、三〇〇円。さあさあ、お腹がはち切れるまでどうぞ！

「高級な近江牛と松茸が食べ放題やて」

「とにかく凄いボリュームで、めちゃくちゃ美味しいらしい」

開始した年の秋も、そこそこに評判が広がりお客さまが増え、手応えは上々でした。しかし一年目はほんの序章。

私たち自身も驚くほどに人気が爆発したのは登場の翌年、平成十二（二〇〇〇）年の秋のこと。またもテレビの情報番組から、取材のお声がかかったのです。

私は自信満々に、いかに魅力的な食べ放題かをプロデューサーに説明しました。彼も、身を乗り出すように聞いてくれます。

「で、この料理の名前はなんていうんですか」

「えっとそれは」

そういえば、ネーミングらしいネーミングも考えずにやってきていたのですが、確かにこれだけのことをして、「近江牛と松茸のすき焼き食べ放題」では、あまりに普通すぎる気がします。次の瞬間、自分でも思いがけない言葉が口をついて出ました。

「近江牛と松茸の『あばれ食い』です」

「あばれ食い！　それは面白いですね。何か意味はあるのですか」

そこでまたも私は、立て板に水で説明しました。

「田舎では、お客さまの最大級のおもてなしは、おいしいものをお腹いっぱい食べてもらうことです。それを『あばれ食い』というんですよ」

「なるほど！　じゃあオンエアでそのあたりも、説明しましょうね」

ということで、魚松の名物メニューは「あばれ食い」という料理名が、その由来とともに紹介されました。

……実は口から出まかせだったのですが。その後も、まことしやかに「あばれ食いは田舎の風習で……」と紹介されることが普通になってしまって、恐縮しています。しかし「あばれ食い」という言葉に、私自身惚れ込んでしまいました。インパクトがあって、料理を象徴する素晴らしいネーミングだと思いませんか。

かくして、「あばれ食い」がオンエアされるやいなや、これまたかつてない大反響がありました。確かに、初めて見る視聴者の方にとっては本当に「ビックリ現象」だったと思います。私は、頭にドカーンと残る忘れられない出来事のことを「ビックリ現象」と呼んでいるのですが、この反響こそが「ビックリ現象」でした。過去の経験を上回る、電話が鳴り止まない奇跡の日々が始まったのです。

魚松、大パニック

ところが、テレビがきっかけで大繁盛、普通にめでたしめでたしといかないのが、魚松……というか、私の宿命のようです。

実はそのテレビ局の取材からオンエアまでの間に、女将とよいコンビで店を回し、活躍をしてくれていたパートの女性スタッフがなんと事故で骨折し、仕事ができない状態になってしまいました。しかも、女将はちょうど末の子を妊娠中で、ぼちぼち臨月の時期にさしかかっていました。

さあ、番組が放送された、十月だ、まさに掻き入れどき！　すべてが並んだタイミングでなんと女将が産気づいて病院へ。

「うそやろ？」

一人残された私は、鬼のように店を回すしかありません。それでも押し寄せるお客さまには対応しきれず、ついには高齢の母やそのお友達まで駆り出して大混乱をなんとか乗り越えていきました。いやもう、毎日が戦場のようでした。おまけにテレビの取材もその一回ではなかったのです。ついには母がキレましたからね。

「もう無理や〜！　テレビ出んといて！」と。

それもあたり前です。ずっと元気で働き者として有名な〝たきおばあちゃん〟とはいえ、当時で七十歳過ぎ。こんな過酷な状況で働き続けてもらうわけにはいきません。

とにかくこのシーズンを乗り切るために、急きょ高校生や大学生のアルバイトを集め、にわか仕込みで働いてもらいました。しかしスタッフが何人揃っても、殺人的な忙しさに変わりはありません。翌日の仕込みを終える頃には、連日、午前十二時を過ぎる日々です。

私はみんなになんとか機嫌よくこの試練を乗り切ってほしくて、業務が終了したそんな時間からご褒美の焼肉をたらふく食べてもらいました。これがまた、みな若いから喜んでよく食べる。こんな時間から焼肉？　と嫌な顔をするスタッフはいませんでした。何もかも普通じゃなかったです。

そしてこの「あばれ食い」人気は、翌年以降も、パワーアップして続いていくことになります。

反対を押し切って信楽へ

ブレイクの翌年には、行列をつくって入店を待ってくださるお客さまを見て、一刻も早く支店を出そうと思いました。そこでぱっと頭に浮かんだ候補地が、陶芸のまち・信楽です。甲賀地域では一番の観光地だし、より幅広い人たちに来ていただけると考えたからです。

ところが周囲に話すと、誰もが「信楽？　やめておいたほうがいいで」と反対します。保守的な土地柄ゆえ、絶対に受け入れられないというのです。

しかしそう言われるとかえって引けなくなるのが私です。みんなが成功しないという道を選ぶことで、かえって得るものがあるかもしれない。これまでも、さんざん失敗を経験してきましたが、あとになって考えると、無駄なことはひとつもありませんでしたから。

私は自分の勘を信じ、信楽への出店を決めました。

信頼できる縁をたどって紹介してもらったのが、信楽高原鉄道の信楽駅前に陶器屋さんの自邸として建てられた、築十四年の立派なお屋敷です。最初に訪ねたときは枯れすすきに囲まれ放置された状態で、うらぶれた雰囲気に「大丈夫か？」とひるみましたが、家に入ると一億円かけてつくられたというだけあって、すみずみまで重厚な造り。

広さは一階と二階にそれぞれ田の字に配された六畳間が四つずつ。少し手を入れれば、一階に厨房とカウンター、テーブル席がつくれます。

家賃は月三十万円。実はこれだけの規模とはいえ、信楽の一軒家でこの価格は、相場からすれば決して安くはありませんでした。それでもここに決めたのは、厨房が立派で、改装費が最低限に抑えられそうだったからです。

飲食店の出店で、最もお金がかかるのは厨房への設備投資です。料理人の立場からすると、あれが欲しいこれも欲しい、どうせなら新品を、とこだわればこだわるだけ、ついお金をつぎこんでしまいます。しかしこれが落とし穴になりかねないのです。設備にお金をかけすぎると、それがのちのちまで負担となって自分で自分の首をしめることになってしまいます。できる限り初期費用がかからないところを選び、その分運転資金にプールすること。これもまた、数々の経験から得た教訓でした。

それからもうひとつ……私は直感的に「ここには〝妖精さん〟がいる」と思いました。いつも心のどこかで、目に見えない何者かの力の働きがあると確信している私です。人間のふるまいをじっと観察している〝妖精さん〟はどこにでもいて、そのお眼鏡にかなえば、応援してくれる。逆にここに合う人間ではないと判断されたら、容赦なく追い出しにかかる。そんなものだと信じています。

もしも認めてもらえなかったら、きっと半年でここを離れることになるだろう。まずは、この妖精さんに気に入られる器の人間になろう。私はそう自分を励ましました。

「本当に行くんですね」「大丈夫ですか」

平成十四（二〇〇二）年のゴールデンウィーク、口々に心配の言葉をかけるスタッフを本店に残し、私は一人で信楽店を立ち上げました。こちらのスタッフは現地で採用した十九歳の女性一人。これだと、失敗しても責任は自分だけで背負うことができます。

「がんばるから、見ていてください」

ひそかに妖精さんに誓い、信楽店をオープンしました。

お客さまはつくるもの

「誰もいらっしゃいませんねえ」

「まあ、しょうがないね」

開店初日、案の定といいますか、本店は大繁盛を続けているにもかかわらず、お客さまはゼロ。もっとも、こういう状況は嫌になるほど経験済みでしたから、私はいたって平常心です。

しかし土地の『洗礼』を受けたのはそれからでした。みんなが言っていた「よそものを受け入れない土地柄」を実感する出来事を何度も経験することになります。

やっと羽振りのよさげな地元のお客さまがいらしたと思えば、カウンターでわずかばかりのつまみとビールを注文するだけ。挙句に意地悪く店を眺めては、

「安い皿使ってるのう」

「こんな店、一か月もつんかいな」

と、これみよがしに嫌味を言って帰って行かれます。

聞きしにまさるとはこのこと。正直、覚悟していた以上でしたが、ここでめげていたら、

出店した意味がありません。

「がんばって甲斐性ができたらええ器に買い換えますわ」

にっこり笑顔で飄々と受け流しながら、日々誠実な商いを心がけました。なんといってもお客さまとの関係は、そうしてコツコツと積み上げていくものです。そう、私はこの地で、まったくのゼロから丁寧にお客さまをつくっていこうと決心していました。

一方で、信楽という観光地で商売する人々と接しているうちに、あることに気づきました。その多くが、お客さまを「流れ者」として見ているということです。「どうせ二度と会わないその場限りの相手だから」という横着さのようなものが感じられたのです。当時はバブル景気崩壊後とはいえ、まだそのわずかな余波で殿様商売の気分が残っていた時代の空気もあるのかもしれません。

私はそれに激しい違和感をおぼえました。たとえ観光地であっても、お客さまは絶対に流れ者ではない。一人ひとりのお客さまを大切におもてなしし、最初から最後まで本当に幸せな気持ちで帰っていただくことを繰り返していけば、きっと後になって答えが出てくる。常連のお客さまをつくることはできるはずだと信じていたのです。

その信念だけは揺らぐことなく、いつもお客さまのことを第一に考え、もっと喜ばれること、もっと楽しまれることをという工夫をし続けました。

私の考えは間違っていなかったと思います。現に私に苦い思いを抱かせた横着な店は、今はもうほとんど残っていません。

二年目のビックリ現象

この信楽店の人気爆発、「ビックリ現象」も、きっかけはテレビ番組でした。翌年に始めた、「信楽高原鉄道に乗って信楽に行き魚松で『あばれ食い』を食べる」というタイアップ企画が大きな反響を呼んで、またたく間に信楽店は朝から行列のできる店になりました。

こうなったら、可能な限りお客さまに入っていただくしかありません。六畳の各和室、ぎちぎちにお座敷机を五卓詰め込み、約二十人。今でいう密どころではありません。店全体で一度に百五十人くらいのお客さまに入っていただき、昼から夜までフル回転の操業が続きました。

ここに至っても社員は私と開店時からいる女性との二人だけ。あとは、派遣で何人かの仲居さんをお願いしました。本店のブレイク時も凄まじかったですが、こちらはこちらで、大繁盛の裏側はそれ以上かもしれない修羅場となりました。仲居さんも着物がはだけるほど走り回っていたのを思い出します。申し訳ない。みんな本当によく働いてくれました。

しかし、そこで集客の手をゆるめることはできません。車でのご来店も便利な立地だったので、鉄道とのタイアップは二年でおしまいにして、本店で女将が主体となって始めていた旅行会社とのタイアップに力を入れることにしました。

それにはつねづね考えていたことがあります。当時、地元・滋賀の人々にとっては、北陸に遊びに行くのがひとつのステイタスでした。お金と時間のある人は、やれ山中温泉や片山津温泉やと出かけていっては、お金を落として帰ってきます。滋賀の人間としては、その逆、北陸からもっとお客さまに来ていただくこともできるはずではないか、来てもらわなければと思ったんですね。そのための魅力づくりに、魚松の「あばれ食い」で貢献しようという野望を持ちました。

といっても、そういったコネも営業の経験もありません。ここでも私は、一人の恩人と出会いました。ありがたきは人のご縁です。なんとスーパー経営時代に、アルバイトに来てくれていた東くんという青年が、滋賀交通の社員となっていて（現在は役員さんです）、彼が東近江で旅行業を営む水間滋賀リザーブセンターの水間さんという方を紹介してくれたのです。水間さんは当時七十歳くらいだったでしょうか、いつも真っ赤なジャンパーがトレードマークのバイタリティにあふれたおじさんでした。営業をしたことがないと相談したら「ええよお、教えてあげるからついといで」と北陸の旅行会社を一緒にまわってくださった、あたたかい人です。

営業先でも、水間さんが顔を出すとみなさんニコニコ愛想よく対応し、持っていくプランにも快く耳を傾けてくださいます。なるほどこういうものかと、楽しく勉強させていただきました。ところが、すっかりノウハウを伝授してもらったつもりで、一人で営業を始めたらとんでもない状況が待ち受けていました。

「魚松です。あばれ食いのツアーに……」

「あ、そこに資料置いといて」

けんもほろろです。その態度の差に呆然としました。

打たれてもめげない精神

地元ではテレビに出て行列ができていても、まだまだ知名度に乏しかった魚松。ましてや北陸の旅行会社との人間関係もまだできていなかった私は、まったく相手にされなかったのです。

それでも、くさらずにコツコツの積み重ね。これはお客さまに対する心構えと同じです。相手の喜ぶことを考え、やるべきことを淡々と続けること。そうすれば歩いてきた道は踏み固められ、しっかりとした土台になっていくのです。まあ、私も相当に打たれ強いというか、へこたれない人間です。

がんばって足を運ぶうちに、少しずつ魚松を組み入れたツアーのプランが実現し、やがてこちらも大ヒットにつながっていきました。

信楽店が人気店になったらなったで、いじめや嫌がらせもありました。模倣店もできてきて、なかには間違って他店に入ってしまうお客さまもいらっしゃいました。するとその足でうちの店に苦情を言いに寄る人が出てきます。

「間違ってよその店に行ってしまったじゃないか。まぎらわしい」

「あんたの店だと思って行ったのに、料理が全然違った」

と非難轟々のお客さまにもやっぱり笑顔。

「仕方ないよね、むこうのほうが目立ってるもんね。でもこれで間違わへんし、今度はこっちに来てね」

そんなやりとりをしたことも、数え切れません。しかし間違えて入った店で苦情を言わずに、わざわざうちに来られるもの面白いなと思いました。よほど言いやすかったんでしょうね。

裁判沙汰の大ピンチ

そんなあれこれを積み重ねるうち、信楽に出店して十三年がたちました。

店は連日の大盛況。各旅行会社とのタイアップも順調に、観光バスが次々と乗り付け、一日に千三百人ものご来店を記録する日も珍しくないほどです。賑わいは嬉しいことですが、店内はいつも超満員。駐車場が足りず、入りきれない車が列をつくることもしばしばでした。周囲のお店や住人のなかには快く思っていなかった人もいらっしゃったに違いありません。しかし当時の私は、とにかくより多くのお客さまに機会を逃さず「あばれ食い」を楽しんでいただくという一点しか見えていませんでした。

そんななか部屋不足を解消するため、店舗後方の空いていた土地に、最初は仮の離れを、その後、本腰を入れて強度のある鉄骨で別館を建て始めていたときです。

「うちの土地に勝手に何してるねん」

怒鳴り込んできた人がいました。ずっと屋敷とひとつなぎと思っていた後方の土地は、実は屋敷の大家さんとは別で、その弟さんが所有していたということが、このときに初めてわかりました。こちらは寝耳に水の話です。

先方の行動は素早く、たちまち訴訟される事態に。しかしここでまた、私についてくれた弁護士さんが素晴らしかったのです。非常に目端の利く、とても頼りになる人生の先輩でした。

「勝てる裁判やけど、こういうスキャンダルはお店にとってもマイナスや。ここは丸くおさめよう」

と言って示談に持ち込んでくださり、一瞬にして解決に至ったのです。最初に法廷に立ったときにはどうなるのかとドキドキしましたが、和解までは実にスムーズでした。

また、こんなことも心に残っています。そのもめごとが始まるやいなや、原告さんは目立つ場所に「この所有地に勝手に建物を建てた」という主旨で魚松を誹謗中傷する大きな看板を立てました。さすがにこれが拡散されるとマイナスイメージがつくなと心配したものです。拡散されて炎上までいかなくとも、面白がってＳＮＳに上げる人が何人か出てきてもおかしくありません。ところが、そういう人は誰一人として現れませんでした。これにはいい意味での肩すかしを食らいました。「魚松のお客さまはいい人ばかりやなあ」と、スタッフとともに感激しました。

しかし、この裁判で、私はふと我に返ったのです。連日限界までお客さまを詰め込んだ店舗運営。この状態のままここで営業していたら、いつか大事故が起こるかもしれない。早くなんとか対策を練らなければいけないと、やっと気づいたのです。

今となっては、この降ってわいたような訴訟も、それを私に気づかせるための神さまのはからいだと思っています。

「ほんまにこいつは、ここまでせなわからんか」と秘かに呆れていらっしゃったかもしれませんね。

新店舗へ、ご縁の数珠つなぎ

ちょうど店舗の移転を考え始めたときです。あるお客さまが「もうこの店では、狭すぎるね」とつぶやいて帰られました。やっぱりお客さまもそう思われてるんだな、と強い印象が残ったのを覚えています。

ほどなく、車を運転していてぱっと思いついたことがありました。確か親戚のなかに信楽から嫁に来た人がいた。祖母まつの妹、つまり大叔母の嫁ぎ先「平井家」の方だったはずだ！　善は急げです。私はすぐに路肩に車を止め、又従兄弟にあたる平井博さんに電話しました。これがまた、銀行の支店長を務めた後も素晴らしい経歴を連ねてきた頼りになる親戚です。

「あのう、博さん、確か信楽から来た嫁さんがいましたよね」

「弟の嫁や」

まさにビンゴ！　です。私は事情を話し、どこかによい土地がないか当たってもらえないかとお願いしました。

するとなんと！　もうその次の日に博さんから電話がかかって来ました。

「僕の親友の杉本くんが開発してる土地がある」

杉本さんとは、地元にかなり顔が利く村上興業の社長さんでありました。これまた、その後もいろいろなことでお世話になる方です。

この杉本さんが、とあるお客さまから開発を依頼されている広大な土地が信楽にあるという願ってもない話です。私はさっそく、その方、中西さんのご自宅に伺うことになりました。

「よく来たね、待っていたよ！」

玄関まで迎えに出て来られたご主人の顔を見た途端、はっとしました。奇跡はつながっています。先日、玄関で店の狭さを指摘したあのお客さまだったのです。

「ええで。うちの土地を売ってあげるわ」

差し出されたのは、広さにして五千坪。場所は新名神・信楽インターから約一分という、これ以上ない好立地。しかももとは新名神の高速道路をつくった大手の土建屋さんたちの本部があったという、縁起のよい土地でした。

こんな素晴らしい場所に魚松が!?　幸せで胸がいっぱいになった私でしたが、またもそのために越えなくてはならないハードルがありました。

次から次への障害走

まずは資金問題。当然のことながら、五千坪もの土地、全部を買う資金はありません。半分を購入し、半分は貸していただくという形にできないだろうか、という苦肉の策を考えつつ、メインバンクの支店長に相談に行きました。

もちろん、若かりし日に魚松を居酒屋にして再スタートするときに絶対無理だとおっしゃったのとは、別の人です。しかしこのときの反応は、よい意味で私の予想の斜め上をいくものでした。

「半分借りる？　アホな。なんぼでもうちの銀行が融資してあげるから全部買いなさい」

さすがに驚きましたが、支店長の言い分はこうです。

「今の魚松さんなら、広い土地でやったら今よりもっと繁盛するに決まっている。そうなると、土地の値段も上がってしまう。今のうちに全部買っておいた方がいい」。

ありがたい助言でした。その言葉どおり、私は融資を受けて信楽店の移転拡張に踏み切ったのです。

工事にかかる前には、まず地質調査を行う必要がありました。

しかしここでもまた、ハラハラドキドキ。ご存知の方も多いと思いますが、信楽といえば奈良時代に紫香楽宮があったところ。長く幻の都と呼ばれていたこの地で宮殿跡が発見されたのは、平成十二（二〇〇〇）年のことでした。古代史に関わる人たちは大興奮です。その全容解明に向けて、あちこちで発掘調査が進んでいました。この場所だってわかりません。もしも地質調査で何か出てきたら、その場で工事終了です。古代史の先生方には悪いけど、「何も出るなよ〜」と祈るような気持ちで結果を待ちました。

「大丈夫でした！」

一件落着と胸をなでおろし、いよいよ店舗建設です。

新しい魚松信楽店、こだわりを詰め込んだ設計図面もスムーズにできあがり、さて、工事はどこにお願いしようか。私は地元の信頼できる建設業者さん十社に声がけして来ていただき、現地で説明を行いました。

ところがです。なんと十社とも条件が合わず、手を挙げてくださらないという事態になってしまったのです。これはまったくの想定外。

シーズンを迎える九月には絶対にオープンしたいのに、気がつけばもうゴールデンウィークです。

「どうしよう、間に合わない！」

またまた絶体絶命でした。

拾う神、ここにあり！

スタッフで知恵を寄せ合った結果、やはり早くて確実なのはアナログ戦略とばかり、私たちはタウンページを手に建設業者を探し始めました。

最初は信楽のある甲賀市と、すぐお隣の三重県伊賀市で探していたのですが、空振りが続きます。そんなときに、私はふと地図を見て信楽が京都にも接していることにあらためて気づきました。

京都府相楽郡和束町（そうらくぐんわづかちょう）。

「和束や！」

私たちはタウンページで和束町の建設業者の欄を見て、片っ端から電話していく作戦に出ました。

私が電話をした何軒めかの、「鷲峰建設」というなんだか難しい漢字の会社のときです。呼び出し音が続いたあと、出てきたのは野太い低い声。

「なんや！」

電話に出て、いきなり「なんや！」はないでしょう。ここで普通の人なら「すみません」と言って電話を切るところです。でも私は違いました。

「よっしゃ、当たった」

ビックリのなかにも顔はニヤリ。経験上というか第六感というか、とっさにここだという勘が働いたのです。

「急に電話して申し訳ありません。私、建物を建てていただきたいのですが」

「場所はどこや!!」

「隣の町の信楽という所ですが」

「わかった！　とにかく明日の朝一番に現場に行ったるわ」

オッサン凄い！　話が早い！　お世話になるというのにオッサン呼ばわり。でもまさにそんな感じでした。

そして次の日の朝、信楽の現場。オッサンの朝は早く、八時前にはもういらっしゃっていました。

車は白のクラウン。強面のパンチパーマ。

電話のイメージを裏切らない風体です。普通なら、「やっぱりやばいかも」と思ってしまうかもしれません。

でも私は確信しました。

「最高のオッサンや。明るいぞ」と。

早速渡した図面を見るなり、オッサンはひとこと「でっかい建物やないか」

ひるんだと思いきや、「オレに任せとけ」

なんて頼もしい……。涙が出そうになりました。私はこの言葉を待っていました。

鷲峰建設の吉田社長。ここから、ありがたいおつきあいが始まりました。

男女の関係に「ひと目惚れ」というものがありますが、人間同士のつきあいはいずれも同じです。私は、出会った一瞬ですべてが決まるように思います。

ご縁に感謝の駆け込み竣工

この何日か後には、鷲峰建設の事務所に伺いましたが、ここもまあ、よく揃ったと感心するほどに強面のパンチパーマの人たちの集団でした。でも私には、みなさんが仏さまに見えました。

話し始めればニコニコ、大歓迎。和気あいあいで打ち合わせを進めることができました。懐に飛び込むコミュニケーションは、本当に大事です。

それからも、オッサンはとにかく仕事が早い。

「地元の宮司さん呼んどきや。ええ日を選んで地鎮祭するからな」

地鎮祭にもまたまた素晴らしい出会いがいっぱいでした。

鷲峰建設をお手伝いくださる荒木建設社長の荒木さん。元材木商である荒木社長の木材へのこだわり、その素晴らしいプロ意識にもまた感服しました。またこの方も仕事が早いこと早いこと。

加えて、のちには荒木社長の奥さまやそのママ友にも手伝ってもらうことになるという、素晴らしいご縁です。

また、現場を仕切ったのは鷲峰建設のオッサンの息子さん、現社長の「鉄さん」。なんと、あの平安高校野球部の元エースピッチャーというお方。勘が素晴らしく根性が座っている上、仕事がめちゃくちゃ丁寧という、言うところなしの人でした。

信楽店の建物の基礎はとても深く、かなりのコンクリートが入っています。少々のことではビクともしません。この工事をしてくださったのが、鉄さんです。

建物も人間も基礎が大切です。特に大きな建物を建てようとしたら、まずしっかりとした基礎を固く整えること。私は鉄さんの仕事を見て、しみじみとそんなことに気づきました。

その後はもう、まるでワープでもしたように月日が流れ、気がつけば七月も半ばです。この時期の工事の進捗具合を見た人は「九月オープン？　嘘でしょ」と思ったに違いありません。

しかし私は、鉄さんにこう言いました。

「一日は二十四時間だから、まだまだたっぷり時間はありますよね」

「私もそう思ってるよ」

さすが、頼もしいお言葉でした。今なら大問題であろうとは思いますが。その頃のことなので、ドンマイ　ドンマイ。

すべてができ上がったのは、まさに九回裏ツーアウト滑り込みセーフ。完了検査のＯＫが出たのは、なんとオープン前日の十七時です。まさに間一髪!! みなさんのチームワークとさまざまなご縁、そして神さまの見えない後押しのおかげで起こった奇跡でしょう。

今思い返しても、あの短期間でそこまで漕ぎ着けたことが夢のようでなりません。

ドタバタの引っ越し劇

こうして傍の竹林を借景に、最大二百名が入れる大広間や床席、風情たっぷりの東屋(あずまや)席まで備えた全三百五十席の飲食空間に、広大な駐車場を擁する新しい信楽店が完成しました。

しかし、よかった間に合ったとほっとする前に、もうひとつ大問題がありました。旧店舗からの引っ越しです。旧店舗は、新店をオープンさせる三日前まで、普通に営業していたのです。そこで使っている機器や食器、道具をそっくり運び込まなければなりません。

旧店舗を閉店したあと、スタッフ総出で荷造りして翌日に大移動。その荷物は、大型トラック八台分ありました。

いくら広大な新店舗でも、それだけの荷物が一気に運び込まれたらたまりません。店内はダンボール箱で埋め尽くされてしまいました。私が行くと、スタッフは一様に弱り顔。

「どうするんですか、この荷物。絶対にオープンまでに片付きませんよ」

「そうか？　店を開けるまで何日ある？」

「たった三日です！」

「いや、まだ三日や。三日もあれば十分や。ゆっくり片付けよう、大丈夫、大丈夫」

私はわざとのんびり言い放ちました。実際のところ、内心では冷や汗もの。無理かもしれないと思ったのですが、ここで私まであわてたらパニックです。

「三日もある」とハッタリをかましてみんなを一度落ち着かせることで、冷静に荷解きを進めていきました。

なんとかなると思ったら、なんとかなるものです。誰一人残業することなく、開店準備は間に合いました。

もちろん、本当の戦いはここからです。

前店舗を去るとき私は、十四年間、商売を応援してくれたお屋敷の妖精さんにお礼を言って、よかったら次の土地にもついてきてくださいと頭を下げました。でも、その妖精さんは、どうやらそこにとどまっておられる感じがします。

新しい信楽店を眺めたときに、また別の妖精さんがいらっしゃるなという感じがしたからです。ですから、また一から謙虚に、認めていただくためにがんばるしかありません。

私が思うのに、店というのはただの箱にすぎません。

どんな綺麗な空間であっても、お客さまがいないお店ほど惨めな姿はありません。お店というものは、どんな形であれ、どんなボロボロであれ、お客さまがあふれんばかりに入ってくださっているのが最高の姿であります。

さあ、新しい信楽店はどうなるのか。でも私にはこれまでの人生で拾ってきた宝物がある、積み重ねてきた気づきがある、つないできたご縁がある。しかも滑り込みセーフの運がある。これまでになく清々しい気持ちで、私は店の玄関を開け放ちました。

コラム　三代目の拾いもの・その五

ビジネスはスピードとタイミング

居酒屋時代にせよ、「あばれ食い」をスタートさせてからにせよ、私に誇れるものがあるとすればそれは思いつきを形にするスピードです。それは、ビジネスにはタイミングが大切だと考えているからです。

たとえ素晴らしいことを思いついても、ぐずぐずしていたらいけません。いいと思ったことは、最速・最短で形にする。このためにまわりの人をふりまわしてしまうこともありますが、幸いにも「よっしゃ、やったるで」と無理難題でも一緒に取り組んでくださる人のご縁に恵まれてきたのは、とても幸せなことです。もちろん、そこには共感を得るだけの中身が必要です。ちょっと他とは違うぞという面白み、あるいはこの人は絶対に裏切らないという信頼感、ともにがんばっていけるというタフさ。これらは、真面目にコツコツ積み上げてきたものがものをいいます。

COLUMN

また、スピードとタイミングが大事なのは、日々のサービスでも同じこと。お客さまが求めるタイミングと少しでも異なると、いくら喜んでいただけることをしたとしてもその魅力は半減してしまいます。逆に、求められるものをベストのタイミングで提供できれば、お客さまの喜びが倍増します。これはスタッフにも体験を通じて学んでもらうようにしています。

一年中、松茸が食べられると大きく宣伝するようになったのもこんなことがきっかけでした。夏のある日、京都の寺町京極を歩いていると、大きなカニの看板が目にとまりました。とっさに「そうだ、これだ」と閃きました。カニは冬場のものだ思い込んでいるけれど、お客様は夏でも沢山食べている。松茸を秋のものだけにする必要はないんだと。

一番大切なことを一番のタイミングで実行すること。そこには、高い志と日頃の努力の継続、そして今何が求められているかを察知する想像力が必要なのだと思います。

最終章

withコロナの時代に

最高ランクの近江牛

信楽店の移転は、大成功でした。休日には、広い駐車場も自家用車とツアーバスでびっしりと埋まります。京阪神や中京圏など、遠方からのお客さまがリピーターとして何度も訪れてくださいます。マスコミの取材もさらに増えました。

もちろん、テレビで取り上げられたからといって、内容が伴わなければブームは一瞬で終わってしまうでしょう。「あばれ食い」がこれほど愛され、口コミで広がり、たくさんのファンを獲得することになった要因は、そのネーミングに恥じない豪胆なボリューム、そして味であると自負しています。

家族で来店してもちょっとした贅沢で済むくらいのお得な料金で、好きなだけ高級な近江牛と松茸を、一年中思い立ったときに食べていただくには、もちろん特別な流通ルートが必要です。ここで私が大失敗をしたスーパー経営時代に身につけた知識が大いに役立ちました。安定したルートが確保できた素地は居酒屋時代にさかのぼります。

牛肉は、もちろん滋賀県といえば近江牛。近江牛の特徴はなんといっても、肉質のきめ細かさと、サシの入った優しい甘味です。しかも融点が低いため口当たりがよく、胃もたれすることが少なく最後まで美味しくいただけます。

なかでも魚松の使用する近江牛は、Ａ４ラ

ンク以上の特選近江牛です。誇りとこだわりをもっていつも最高の肉を卸してくださる業者さんとの信頼関係を、年月をかけて築いてきました。ここだけの話、魚松が卸していただいているのは京都の某有名店よりもランクの高いお肉です。

年中おいしい松茸が出せる秘密

そして松茸。食べ放題を始めた段階で、海外産のものに切り替えたことは前章でお話ししました。もちろん、地元で獲れる国産松茸を味わっていただくコースもあるので、懐に余裕のある方は一度トライしてみてください。

食べ放題というからには、出しても出しても尽きないほどの松茸が必要です。とはいえ海外産だからと美味しくないものをお出しするのは、お客さまにも松茸さんにも失礼です。私は質と価格のバランスのとれた松茸を大量に確保するために、まだ日本にはあまり知られていない松茸を産する国を調べてリストアップし、実際に現地に飛んで山の環境や松茸の質をチェックして歩きました。

メキシコやノルウェー、ブータン、ミャンマーなど、「そんなところに松茸が？」と思われる国も多いかもしれません。しかし、なにせ私と松茸はつきあいも縁も深いのです。期待以上に良質の松茸と、次々に出会うことができました。そして安定してまとまった量を買い付けできる契約を商社と結んでいきました。

さらに幸運だったのが、一九九七年頃、まさにイノベーションとなった優秀な保存方法が登場したことです。ＣＡＳ（セルアライブシステム）という冷凍方法です。ＣＡＳ技術によって瞬時に素材を冷凍すれば、細胞を壊さず、旬そのままの鮮度と風味を保って保管することが可能になります。実は居酒屋時代にこの技術の登場をいち早く聞きつけて、導入していました。

こうして、それまでは日持ちのしないデリケートな食材だった松茸を大量に仕入れて、鮮度を守りながら保管することが可能になったのです。

それは松茸といえば秋、という常識をも覆すことになりました。シーズンに松茸を食べ損ねたというお客さまにも、旬のものとくらべてもまったく遜色のない松茸を存分に味わっていただけることがまた、魚松の親しみやすさを深めてくれています。

魚松は止まらない

お客さまにご好評いただくほどに、もっと楽しんでいただきたい、個性を打ち出していきたいと、あばれ食いはどんどん進化していきます。

おもてなしといえば、つきものなのがお土産です。どこのおうちだって、お客さまを手ぶらで帰らせたりしません。

そこであるときから、あばれ食いのお客さま全員にお土産を用意しました。みなさんが幸せな食事の時間を過ごして帰られる直前に手渡されるお土産は、さらに嬉しいサプライズとなったようです。これも最初は自家製の松茸昆布の佃煮など、ちょっとしたものだったのだったのが、どんどんエスカレートして紙袋いっぱいになるほど増え、抽選まで加わってさらにお楽しみがふくらんでいます。

名物ガラポン、玉ねぎ詰め放題、あみだババアのあみだクジ。

お子さんにはガチャコロコインなどなど、飲食店とは思えないイベントだらけ。

常連のお客さまにはよく、「このお店はいつ来ても何か違った変わったイベントをしていますね」と言われます。

魚松に食事をしに来るだけでなく、「元気」をもらいにやって来る、そんなお客さまも多いのだと思います。

やがてお土産の袋も目立つ赤にして、そこに「一生分の松茸と肉が食べられる伝説の店」とか「今も昔も松茸ひとすじ」とか、私のつくったキャッチコピーを入れました。派手で印象的な紙袋は人目を引き、興味を持ってくださる方が増えていきます。

不易流行という昔からの言葉があります。

いいものは残し、形あるものは進化している。

魚松の「中身」はずっと完成しません。

スタッフがくれた気づき

もちろん、私の思いつきの「あばれ食い」から、現在の魚松にまで育てあげるのは私一人の力ではとうてい無理なことでした。うちのスタッフは、みんな元気でとにかく明るい。

いつもその笑顔がお客さまを導き、私を支えてくれました。どれだけパワーをもらえたかわかりません。

全員にお礼をいってまわらなければおさまりませんが、あえて功労者を挙げるなら、信楽店で十年以上まさに私の片腕となって奮戦し、この夏、結婚退職した園さん。二十歳そこそこで入社した彼女は、私にはない発想を持っていました。

たとえば、信楽店がまだ移転する前の話です。

お店にはあばれ食いの他にもいろいろメニューがあるのですが、当時は気軽に食べていただこうという思いから千八百円でニュージーランド牛のステーキを用意していました。これならあばれ食い目当てでなくたまたま入ってくださったお客さまも負担なく注文できるだろうという配慮からです。現に、そこそこの人気メニューになっていました。

ところが、です。ある日園さんが言いました。

「社長、このメニューやめませんか」

彼女が言うことには、

「近江牛オンリーにして、松茸と質の高い近江牛のすき焼きの専門店にしたらどうでしょう。そして、もっともっと『あばれ食い』の質を上げましょう。原価は上がるし、儲けは少なくなりますが、店の質は上がります」

「ごもっとも！」

私は感服しました。でも経営者として、本当にいける？　という不安もあります。

「魚松は情熱があるから大丈夫！　というか、大成功します」

園さんは嬉しい言葉で背中を押してくれました。

そして彼女の読みは見事にあたり、本当に美味しいもの、本当によいものを理解し、ちゃんと対価をくださるお客さまによって魚松はさらに高みへとのぼることができました。

他にも、いろんなアイデアを園さんと、また他のスタッフたちと話し合い、実現していきました。本当に私の周りには、いつも素晴らしい人がいてくれます。私は単細胞ですが人の出会い、繋がりによってありがたく守っていただいているようです。

いろいろな人に出会うことで「知恵」を付けていただいています。

松茸山の復活を夢見て

松茸が多くの人に愛されることがわかり、あばれ食いが大ヒットして以来、私にはひとつの大きな夢が芽生えていました。

ご存知のように、全国的にも、また魚松が拠点を構える滋賀県甲賀市においても、松茸の自生は減少するばかり。その大きな理由は、松茸を育む松林の里山の環境悪化にありました。

松茸は手入れの行き届いたクリーンな山からしか生まれません。山の荒廃とともに松茸の収穫量が減り、ついにはほとんど収穫できない状況になったのは、非常に嘆かわしいことです。幼い頃、父と入った松茸山のあの夢のような状況がなんとか再現できないものか。それはずっと私の頭にありました。そして、滋賀県琵琶湖環境科学研究センターの調査によると、山を再生し環境が整えば再び松茸の収穫が可能になるという結果が出ていました。

そこで平成二十五（二〇一五）年にはクラウドファンディングで資金を募り、本社のある甲賀市甲賀町神村の松茸山の再生を目指す「国産松茸復活プロジェクト」に挑戦しました。私の思いに共感してくださった人は期待以上に多く、クラウドファンディングはたちまち目標金額を達成しました。

私は意気揚々と松茸の研究者とともに里山の再生事業に取り組みました。里山の整備に加え、松茸の成長を促進させる活性剤の投入など、さまざまな手法を試みました。このときあらためてわかったのは、里山の荒廃の酷さ。人が手を入れなくなって植生が変化してきているのは仕方ないにしても、不法投棄のゴミが至るところにあるのは、悲しいことでした。松茸を育むのは、人々の里山への愛情であったんだなとしみじみ思いました。

その挑戦は残念ながら、成功に至りませんでした。もちろん投資してくださった方々へのリターンでは、大変喜んでいただいたのですが、肝心のプロジェクトは資金を注ぎ込んでもうまくいかず、「松茸が出てきました！」という成果が報告できないまま現在に至っています。大変申し訳のないことです。

松茸山の再生は、想像以上に困難です。専門家が何年も山にはりつき、本当に朝から晩まで愛情こめて面倒を見ていくくらいでないと、いやそこまでしても努力が実るかどうかはわかりません。経営者としてあちこちを飛び回っている私には、そこまでの体制を組むのは無理だということがわかりました。

しかし松茸に携わるものとして、いつかきっと、という夢は捨てたくないのです。

「必殺技」を得た魚松

思えば、松茸は不思議なものです。本当に、見た瞬間にみんなが笑顔になれるのですから。なんと古くは万葉集にも、松茸を詠んだと推定される歌があるとか。太閤秀吉も松茸狩りのエピソードを残すほど松茸好きでした。もちろん昔は松茸もこんなに高嶺の花ではありませんでしたが。ともあれ、日本人のＤＮＡに松茸好きが組み込まれているのではと思うほどに、多くの人々に喜んでいただける食材です。

魚松にとって、松茸はいわば「必殺技」でした。飲食店に限らず、どんなビジネスでも同じだと思うのですが、勝ち残るには必殺技を持っているかどうかが鍵になります。私は、父の代からご縁のあった「松茸さん」、そしてそれに付随して「近江牛」、この地元甲賀の誇る食材ふたつで最強のタッグを組むことができました。あばれ食いは、年配の方から若い方まで、本当に幅広いお客さまに喜んでいただけるものです。これからも魚松の基盤として、何があっても絶対に大切にし続けていかなければならないと思っています。

一方で、これからの魚松には大きな構想があります。現在信楽店のある土地のまわりにホテルやスパランドを誘致し、一大アミューズメントの拠点とすることです。

なにせ名神信楽インターから下りてすぐの場所ですから、近県からは日帰りでも十分に一日中楽しんでいただけます。やっぱりお酒も飲みたいという方はホテルにご宿泊いただいて、ゆっくり温泉に浸かりたっぷりリラックスの時間を過ごしていただくことが可能です。翌日は周辺のゴルフ場へという遊び方もできます。

そんな素晴らしい構想が、実はかなり具体化していたのですが、残念ながら今回の新型コロナ禍でストップしてしまいました。無念なことです。しかし、まだ先は長い。これもまた、ちゃんと仕切り直して実現したい夢のひとつです。

コロナ禍に負けない魚松の作戦

「あんな大きな店、このコロナ禍では維持するのも大変でしょう」

二〇二〇年の緊急事態宣言以来、魚松を心配してそう声をかけてくださる方があとを絶ちません。

確かに、お客さまはがっくりと減りました。連日駐車場をいっぱいにしていた観光バスは、まったく見られなくなりました。それでも、お客さまゼロが続くことはありません。それは魚松が団体のお客さまだけではなく、個人のお客さま一人ひとりを大切にしてファンを増やす取り組みを地道に続けてきたからです。

「どうしてる？　顔見に来たよ」

「大変でしょう、店辞めんとってくださいね」

さすがにツアーのお客さまは来られなくとも、地元から、近隣の府県から、車を駆って来店してくださるお客さまは、緊急事態宣言の解除以降、少しずつ戻ってきてくださいました。

しかも、実は魚松は、キャパシティこそ大きいものの、お客さまの数に応じて店の規模を変えられる工夫をほどこしていました。ひとつは正社員はほぼ家族で、いざとなったら人件費が最小限で済むこと。それから店の一部分だけで運営できる店舗設計。これには、気づく人が少ないようです。

信楽店は、団体さんにご利用いただくスペースと個人のお客さまにご利用いただくスペースが別棟になっています。今のように個人のお客さまだけになったときには、団体用のスペースを完全に閉じて、ミニマムに店を営業していけるのです。このため光熱費も無駄に大きくなりません。必要に応じて広げたり縮めたりできるこのスタイルを「アコーディオン型」というのだと、以前に教えていただき実践しました。

どんな時代が来ても、持ちこたえられるように準備をしておくこと。これまた、失敗だらけの人生からの拾い物なのです。

もちろんお客さまがいらっしゃるのを待つばかりではありません。立ち上げたばかりのインターネット通販部門では、「ステイホームであばれ食い」とばかり、お得な料金で魚松のあばれ食いを楽しんでいただけるセット販売を始め、ご好評いただいています。

さらには、新たな戦略を模索する旅行業界と組んで、海外セレブに向けた松茸と近江牛のセット販売にも着手しています。まだまだ、できることはたくさんあるはず。さあ、次はどんな手を打とう、知恵を絞ることには慣れています。

知恵とアイデアが未来をひらく

よくみなさまから聞かれることがあります。

「社長の仕事」って何ですか？

すぐ答えます。

「それは会社を『つぶさないこと』」

どんなことがあっても、会社をつぶしたら、家族も会社の人達も、もちろん仕入先もみんな完全に困ります。

困るどころの話ではありません。絶対にあってはならないことです。だから、何があっても絶対にあきらめないこと。なんとか続ける方法を考え抜くこと。絶対にそれは、不可能ではないと思います。

なにせ私はこれほど失敗を繰り返しながら、今も会社をつぶさずに生きているんですから。もちろん運もありました。ありがたいご縁もいただきました。もしも私の生き方がそれを引き寄せたとしたなら、いつも未来を見ているということでしょうか。

過去にも人にも、余計な執着はしません。失敗をくよくよ思い出しても仕方ないし、人を恨んでも嫌な気持ちになるだけ。それよりもお客さまを笑顔にできる、未来にみんながもっと幸せになれる、面白いことを考えよう！　こうして前を向くことから、「そしたら、こんなんはどうやろう」という知恵とアイデアが生まれます。お金がなくても、それなりにできることがあるはずです。そうすれば、ピンチだってチャンスになるのです。

魚松も、さらなる夢をかなえるために、乗り越えなくてはならない試練はこれからもたくさんあるでしょう。でも私は、そんな未来にワクワクしています。

コラム　三代目の拾いもの・その六

ダイヤモンドの原石を磨け！

居酒屋を始めてから、思えば実にたくさんのスタッフと出会い、ときにはつっかえ棒に、ときには片腕に、ときには牽引車のようにと、さまざまに支えてもらってきました。人材なくして、今の魚松はありません。トラブルで去っていった初期のやんちゃなスタッフも、今振り返れば働く楽しさを共有することはできたかなと思います。

そんな私が思うのは、新しい人に入ってもらうときは、できれば業界の経験のない、いわば「原石」のような人に、まっさらな気持ちでスタートしてもらうほうがいいということです。

なぜなら人はペンキや絵の具と一緒で、色がついていると白には戻しにくい。どうしても先入観や思い込みが邪魔をして、こちらの考えややり方を素直に受け入れてもらえないことがあります。

COLUMN

そして大切な大切なことなのですが、私は、人はみんなダイヤモンドの原石だと思っています。最初は魅力がよく伝わらなくても、手をかけて丁寧にカットし、外から磨きをかけると、信じられないほどに光るようになります。

さらにいえば、その光り方こそが大事。普通に光るのがただのガラスの石（ジルコニア）、そして内から光ろうとするのがダイヤモンドです。この違いは人間も一緒で、磨きをかけているうちに、ただ光っているものと内から光ろうとするものの違いが出てきます。この違いはとても大きいものです。

「お、自分から光ってきた。この人はダイヤモンドだった」

人に教えていくなかで、得るそんな気づき。人を光らせる楽しさに加えて、教えた以上にもっともっと上を目指し、自身で自分を磨き輝こうとする人と出会えたときの喜びは格別です。それを求めて、私は素人の原石を発掘しているのかもしれません。

コラム

人生の大先輩「まだまだお世話になります、増井先生」

会計分野で、魚松が初代からお世話になっている、神さまのような先生がいらっしゃいます。税理士・公認会計士の増井先生、なんと九十歳になる今もバリバリの現役。まさに魚松の知恵袋。先代から「何か問題が起こればすぐに増井先生に相談しなさい」と引き継ぎを受けた大先生です。父の言葉のまま、「何か」があったときはいつも、的確な判断で助けてくださいました。

気が長いのか、私のことを半分あきらめているのか、それとも本当に神さま仏さまなのか、ご本人に確認したことがないのでよくわからないのですが、このでこぼこな会社、浮き沈みのある私の人生に、根気よくつきあってくださっています。何かあるときもないときも、ずっと、一番頼りにしています。

おわりに

私は魚に例えると、どちらかと言うと天然です。
養殖魚のように、おいしいエサを食べ、安全で心地よい環境で育ってはいませんから。
天然魚は、自分でエサを探し、身を自ら守り生きていかないといけません。
しかし、そうしたなかで、生きていく上で大切な「知恵」がついていきます。
しかも私は典型的なアホの見本のような人間であります。
性格のほうも天然かもしれません。
賢い人なら決して選ばないようなガタガタ道ばかりを選んでしまいます。
ガタガタ道というのは、本当に大変です。
でも、そのガタガタ道でいっぱい拾ってきたものがあります。
それは、「経験」というものです。

そして、ありがたいことに私は「ついている」、「運がいい」と思います。

何度も何度も荒波をかぶり、派手に転んだり大失敗を繰り返したりしながらそれでも前に進んでこれたのは、これらがあったからだと思っています。


今回、私が書いて本にしたことが、本当にどこかの誰かのためになったりヒントになったりするのか。

それは、正直、わかりません。

でも曲がりなりにも「成功」や「ヒット」を手にしたのなら、そこでつかんできたものを少しでも多くの人と分かち合うことこそ、商いをして生きていく者の使命だと思っています。


そしてこれからも、どんな逆風にもめげずあきらめず、元気いっぱいに営業を続けていきたいと思っております。

どんな時代にあっても、魚松は人を元気に、笑顔にできる店であり続けます。

どうぞ、これからの魚松にもご期待ください。

そして今、悩みを抱えているみなさんも、あんな店でも潰れずにやってるんや、負けたらあかんなと奮起していただければ、これ以上幸せなことはありません。
未来の運をつかむのは自分次第。一緒にがんばっていきましょう！

二〇二〇年十一月　信楽にて

廣岡利重

付録

廣岡流・商売のコツ十二か条

少しだけ、今の自分を変えればできること。

お金もいらない。時間もいらない。

一．お客さまを笑顔にする

何よりの営業マン、宣伝マンはお客さま。

お客さまを喜ばせ、楽しませ、笑顔になっていただくことがリピートと拡散につながっていきます。

それはまた、スタッフみんなのエネルギーにもなるのです。

二．センスを磨く

商売には「センス」が本当に大切です。

それは好奇心をもってたくさんのものにふれよいものを選び取る、あるいはつくりだす感性。

商売だけではなく、店づくりや設計レイアウトもはたまた遊びも、生き方も、スポーツだって「センス」。

いくつになっても毎日、磨き続けるものです。

三．縁を大事にする

どんなにがんばっても、自分だけではどうにもできないとき
助けになるのは、人とのご縁。
普段から誠実なおつきあいを大切にすること。
また、人材というダイヤモンドの原石を
丹精こめて磨き続けることも怠りなく。

四．タイミングを逃さない

タイミングとチャンスは自ら掴むもの！
相手の心や一歩先を読み
ここぞというときにスピーディに動けることが肝心です。
仕事が早い！　はできる人。のろまは出世しない！

五．よい「習慣」を身につける

能力の差は小さい。
努力の差は大きい。
継続の差はどでかく大きい。
よいことは習慣、ルーティンとして身につければ継続できます。
心と身体のケアだって、大切な習慣です。
よい習慣を身につけることでまわりに起こることや空気までも
味方につけることができます。

六．「はじめの一歩」を踏み出す

何かを始めるとき、また別の道を歩き出そうとするとき、
最初の一歩を踏み出すのは、とても勇気がいることです。
しかし、臆せずに歩き出す、その一歩が肝心です。
万が一コケたって、前のめりなら何か掴めるし、体勢だって戻しやすい。
ぐずぐずその場にとどまるよりも、

とにかく一歩前に出てみましょう。

七．失敗を恐れない

この世の中で、失敗して何が悪いのですか？
失敗をして、やっとわかることがたくさんあります。
失敗を恐れて何もしない方が、大失敗です。
常にチャレンジ！　失敗しても「これでいいのだ」
どしどし何事にも挑戦して、失敗しましょう。
面白い経験ができます。
あとはどう立ち上がるかです。ドンマイ、ドンマイ。

八．毎日、頭をやわらかく

人生、何が起こるかわからないし、人はどう変わるかもわかりません。
頭も心もやわらかく、全方向に開いておくのが一番。
そうすれば発想もどんどん広がるし、

どんなことも明るく楽しく受け止められます。
まずは毎日、「今日あったよいこと」を
三つ挙げる習慣をつけるのも意外とおすすめですよ。

九．何事にも「気づき」が大事

自信を持つのは大切ですが、自分を盲信してはいけません。
立ち止まるたび、また失敗するたびに
新しい視点で、素直な気持ちで、物事を見直してみること。
人からの助言、ときには悪口にだって
新しいチャンスにつながる「気づき」があります。

十．知恵とアイデアで勝負

他のだれもやっていないこと。
でも確実に実行すれば、無限の可能性をひらくことのできるもの。
それが知恵とアイデアです。

目の前の一億円か、それとも智恵とアイデアか。
あなたはどちらを取りますか？

十一．いつも感謝の気持ちを

今、自分はここにいる。それだけで奇跡のようなもの。
生かされているという謙虚さを忘れずに
まわりの人、もの、すべてに感謝の心を持ちましょう。
与えること、分けあうことを大切に。

十二．ツキを味方に

運命の神さまはきっと、明るい人が好き。
まずはポジティブな思い込みから。
「自分は運がよい！」と思えば、運も味方にツイてきます。
いつも元気に、思い切りよく、羽振りよく。
ケチるとケチがつきますよ。

著者近影（信楽店にて）

装丁　浅利太郎太＋稲葉志保
本文ＤＴＰ　株式会社システムタンク
本文構成　森本朕世

廣岡利重　（ひろおか・としゆげ）

1959年京都市生まれ。株式会社魚松代表取締役。

1989年、外食産業に進出し、数々の飲食店を展開。その頃、松茸料理にも着手する。当時、松茸料理の専門店などもなかったため珍しく、マスコミでの注目を集める。

1996年、有限会社魚松代表。

2000年、後に魚松の名物となる「一生分の松茸と近江牛が楽しめる」がキャッチフレーズの食べ放題「あばれ食い」を誕生させる。

2012年、株式会社魚松に組織変更。

滋賀県の甲賀と信楽に展開する店舗は、ピーク時に両店合わせて1日2000名が訪れる。


たかが失敗じゃないか！

すこしの気づきで大逆転、1日2000名来客の店ができるまで

2020年11月28日　初版発行
2021年 3月26日　2刷発行

著　者　廣岡利重
発行人　佐久間憲一
発行所　株式会社牧野出版

〒604－0063
京都市中京区二条油小路東入西大黒町318
電話 075-708-2016
ファックス（注文）075-708-7632
http://www.makinopb.com
印刷・製本　中央精版印刷株式会社

内容に関するお問い合わせ、ご感想は下記のアドレスにお送りください。
dokusha@makinopb.com
乱丁・落丁本は、ご面倒ですが小社宛にお送りください。
送料小社負担でお取り替えいたします。
 ISBN978-4-89500-235-6